Denn Dich vergessen, das kann ich nicht

Manfred Nemann

Denn
Dich vergessen,
das kann ich nicht

– Gedichte –

Bibliografische Information der Deutschen Nationalbibliothek:
Die Deutsche Nationalbibliothek verzeichnet diese Publikation in der
Deutschen Nationalbibliografie; detaillierte bibliografische Daten sind
im Internet über
< http://dnb.d-nb.de > abrufbar.

© 2007 Manfred Nemann
Satz, Umschlaggestaltung, Herstellung und Verlag: Books on Demand
GmbH, Norderstedt
ISBN: 978-3-8334-7114-8

INHALTSVERZEICHNIS

KURZINFO

Die Schauspielerin Jennifer Nitsch verstarb in München im Sommer des Jahres 2004 auf tragische Weise.
Sie begann ihre Karriere als hoffnungsvolle Darstellerin und war zuletzt in Deutschland eine der angesehensten Künstlerinnen ihrer Zunft.
Sie wurde nur 37 Jahre alt. Ihr sind diese Gedichte gewidmet.

VORWORT

Persönlich hab ich sie nicht gekannt
und dennoch war mein Herz so entflammt
viel zu früh schied meine Liebe aus dem Leben

Wie ein Sturm, der sie war, und doch allein
Wie gern wär ich ihr Schutzpatron gewesen
Doch der Wind will nicht gebunden sein

Möge der Leser mich begleiten, diesen Weg zu gehen
und teilhaben an meinem seelischen Verlust
Vielleicht kann man mich dann besser verstehen
Es ist ein Abschiednehmen, ein letzter Gruß, ein
poetischer Kuß

Prolog

Es war im Sommer des Jahres 2004
als das Unglück geschah
Noch heute spür' ich den Schmerz in mir
Sie ist tot und doch ist sie mir so nah

Schon oft habe ich meine Liebe am Grab besucht
und habe dort in Gedenken verweilt
Niedergeschrieben in einem kleinen Buch
sind meine Gedanken, die da klagen mein Leid

In meinen Träumen ist sie mir oft erschienen
wie ein Engel mit seinem träumerischen goldenen Licht
Ich wünschte, sie wär länger geblieben
Denn sie vergessen, das kann ich nicht

Manfred. Nemann

In Gedenken an »Jenny«

Die ganze Nacht habe ich durchwacht
nur an Dich gedacht
Du bist mir abhanden gekommen
Es schmerzt, ich bin wie benommen
*   Ich weine, ich weine*

Im Geiste stehe ich wieder vor Deinem Haus
und sehe hinauf zum Fenster ohne Licht
Nichts rührt sich, die Musik ist aus,
still ist es geworden ohne Dich
*   Ich weine, ich weine*

Nun bist Du ein Engel,
es fällt mir so schwer
So lieb Dein Angesicht
Ich liebe Dich so sehr
*   Ich weine, ich weine*

Ich möchte in Deinem Grabe liegen
und mich an Dich schmiegen
Tränen laufen von meinen Wangen herab,
ich kann es nicht glauben,
dass ich Dich verloren hab
*   Ich weine, ich weine*

Im Himmel, wo Du auch bist,
sprechen Engel zu mir
die mir kunden
es geht ihr gut, ich bleib ihr verbunden
    Ich weine, ich weine

Dein Grab, dies ist ein friedlicher Ort
Ich lege Blumen nieder
und will gar nicht wieder fort
Sonnenstrahlen auf Deinem Grab
vermischen sich mit Tränen
die da fließen herab
    Ich weine, ich weine

Ich denke an den Wind, der zum Sturm wird
Ich denke an Deine Worte, die das gleiche sind
Und keiner versteht was ich leide
    Ich weine, ich weine

Nur Dein Lächeln von Deinem Bildnis
das gibt mir die Kraft
das trage ich in meinem Herz
und lässt vergessen ein wenig den Schmerz
    Ich weine, ich weine

Du bist mein alles, mein Ich
Du bist die Stimme, die zu mir spricht
Du bist der Wind, der nie verweht
Du bist mein Lieblingsstern, der am Himmel steht

Doch wenn wir sterben, wohin die Seele auch geht
wir werden uns sehen, ich denke stets daran
Die Zeit wird kommen, wo ich Dich einmal
– nur einmal – umarmen kann
  Ich weine, ich weine

Juli 2005

An ihrem Grab

Hoch im Norden
nicht weit und doch fern
liegt der Ort bewacht
vom Morgenstern.

Ich bin von weit gekommen
und bin nun endlich bei ihr
Ich bin so selig, fast benommen
und niemand kennt mich hier.

Nun stehe ich am Grab
und möchte so viel geben
Ich schmücke es mit Blumen
und tränke es mit Tränen.

Die Rosen, die Lilien, die Nelken
welche ist die Schönste von allen
ich sag es Euch, sie alle welken
doch die Schönste ist mir zugefallen.

Denn die Schönste liegt hier im Grabe
Ihr könnt sie nicht sehn
Denn sie liegt still und schläft im Sarge
Ich sink zu Boden, will niederknien

Und wollt Ihr das Geheimnis wissen,
wer hier liegt so unbekannt
Es ist eine große Künstlerin
und wird »Jennifer Nitsch« genannt.

Ja, »Jennifer« ist ihr Name
Eine Frau, die mir so nahe liegt
Viele Stunden war ich unterwegs ohne Klage
Ihr Bildnis, das an meinem Herzen schmiegt.

Doch heute lege ich eine Blume nieder
und verspreche es Dir, ich komme wieder
Hoch im Norden in diesem Land
wo da liegt meine Liebe, die dort Ihre Ruhe fand

Es dunkelt schon
der Weg nach Haus ist lang
Leb wohl du kleines Grab
im Sonnenuntergang.

Juli 2005

DIE STRASSE, IN DER DU WOHNST

Der Tag war schön und warm
als ich von Bremen nach München kam
Nun stehe ich endlich an jenem Ort
wo sie gelebt, in jenem Hause dort.

Die Straße in der sie wohnt
Es lässt mir keine Ruh
Ich geh sie auf und ab
weil ich weiß, hier warst Du.

Ich stehe vor Deinem Haus
und gedenke Deiner
Ich weine und halte es nicht aus
Niemand fühlt wie ich. Keiner.

Es gibt einen Baum vor ihrem Haus
dort legte ich meine Blumen ab
Das alles sah so traurig aus
Es erinnert mich an ihr Grab.

Ich sehe hinauf zum Dach
und erschrecke über die hohe Wand
Mir graut vor dem Gedanken, ach
als sie gefallen und am Boden
man sie fand.

Ich sehe auf das Pflaster
wo ihr junger Körper lag
Ich spür in meinem Herzen
wie es frisst und nagt.

Ich möchte mich auf den Fußweg legen
um ihre Nähe zu spürn
was würde ich darum geben
ihren Herzschlag wieder zu hörn.

Welch Unglück ist damals geschehn
Ich kann es nicht fassen
und will es nicht verstehn
Gott im Himmel
warum hast Du das zugelassen.

Des Abends sitz ich stumm und allein
denke nach und wein
Ich sehe in das Abendrot
Die Frau, die ich liebe, ist tot.

Diese Stadt, die so viel Schönes hat
sie wirkt auf mich jetzt so leer
Denn ich habe mein Liebstes verloren
Es gibt »Dich« nicht mehr.

Und wenn ich still in mich geh
da gedenke ich Dein
denn wo Du auch bist
Du wirst immer in meinem Herzen sein.

Nun sitz ich im Zug nach Bremen
und betrachte liebevoll Dein Bild
es kommen mir still die Tränen
Mein Herz schlägt ruhig und mild.

Und während der Fahrt
sehe ich in den Wolken
Deine Seele schweben
nun weiß ich, der Vater im Himmel
hat Dir geschenkt das ewige Leben.

Juli 2005

»GESTÄNDNISSE«

Prolog
Dieses Gedicht so wie es hier steht
ist nicht erfunden.
Ich habe es wirklich erlebt
niedergeschrieben in vielen Stunden.

Ich bin kein großer Dichter
in diesem Land
doch Dir zu Liebe reime ich
und bleibe dennoch unbekannt.

Dein liebliches Gesicht
das möchte ich täglich küssen
Nur Dir zu Liebe schreibe ich das Gedicht
weil wir Dich so vermissen.

Sie hat so schöne Augen
die so leuchten wie ein Licht
Ihre Stimme ist so markant
wenn sie zu uns spricht.

Sie ist und war eine große Künstlerin
die es nicht oft auf Erden gibt
Alles was sie spielte machte Sinn
Ich habe mich in sie verliebt.

Als ich Dich zum ersten Mal sah
konnte ich nicht widerstehen
Du warst einfach so wunderbar
da wars um mich geschehen.

Ich möchte Dir Märchen erzählen
aus Tausend und einer Nacht
von Liebe, Leid und Begehren
bis zum Morgen wenn der Tag erwacht.

Warum denke ich so oft an Dich
mit Sehnsucht und Verlangen
in meinem Herzen spüre ich
Dich zu küssen auf Deine Wangen.

Als die Nachricht von Deinem Tode kam
hielt ich die Hände vors Gesicht
ich konnte mich kaum bewegen,
war eher lahm
und weinte bitterlich.

Ach »Jennifer« ich vermisse Dich so sehr
Dein Lächeln, Deine Gesten, Deine Art
Ich sterbe mehr und mehr
alles ist so leer und fad.

Hinter Deinem Lächeln
das Du uns gegeben
spür ich einen Schmerz
sind es versteckte Tränen?

Ja, es sind kleine Tränen
ein liebevoller Schmerz
Ich möchte Dich in die Arme nehmen
und drücken an mein Herz.

Wäre ich ein Vogel
würde ich jeden Tag zu Dir fliegen
und an Deinem Grabe niederknien
wohin der Wind mich auch weht
Ich will bei Dir sein
weil mir Dein Tod so nahe geht.

Die Sonne, der Mond und die Sterne
sehen herunter auf Dein Grab
Sie behüten Dich aus weiter Ferne
weil ich ihnen sagte wie lieb ich Dich hab.

Ja, Du bist nicht allein in dunkler Nacht
Die Sterne funkeln in voller Pracht
und erzählen von meiner Sehnsucht nach Dir
es ist wahr, glaube es mir.

Nun gehe ich an Deinem Grabe herum
und lese Deinen Namen auf dem Stein
ich wirke blass und bin stumm
an diesem Tag gedenke ich Dein.

Ich stehe vor dem Grab einer Künstlerin
und verneige mich tief vor ihrem Namen
Sie war eine große Schauspielerin
Was für eine Hoffnung liegt hier begraben.

Wenn ich einst begraben werde
auf dieser schönen Erde
so sollt Ihr für mich nur eines tun
lasst mich in der Nähe ihres Grabes ruhn.

Des Abends leuchtet das Sonnenrot
Du schläfst so selig in Deinem Grab
Ich wollt ich wäre bei Dir und auch tot
so groß ist meine Liebe die ich im Herzen hab.

Am Morgen will die Sonne wieder scheinen
doch vom Himmel fällt milder Regen
Engel sind es, die Dich beweinen
Ich fühle es, es sind auch meine Wehmutstränen.

August 2005

»Wie ein Traum«

Ich will Euch ein Märchen erzählen
aus Tausend und einer Nacht
von einer Frau
die mich um den Schlaf gebracht.

Sie hat mein Herz gefangen
und gibt es nicht mehr her
auch wenn sie jetzt im Himmel ist
Ich liebe sie umso mehr.

Ja, sie ist die eine, die meine
die ich so lieb gewonnen habe
Niemand schaut so zärtlich wie sie, keine
»Jennifer« so ist ihr Name.

In der Straße schreitet sie galant
am Schaufenster bleibt sie stehn
Die Auslagen im Fenster sind brilliant
doch viel schöner ist sie anzusehn.

Doch wenn ich durch die Straßen geh
verlier ich mich in Gedanken
im Geiste ich ihr Bildnis seh
ich fange an zu schwanken.

Die Menschen sehen mich an und wundern sich
sie lachen und scherzen
denn sie kennen meinen Kummer nicht
während ich sterbe vor Schmerzen.

Ich möchte so gern Dein Ritter sein
und mit dem Schwerte für Dich streiten
Ich schlage auf meinen Gegner ein
der es gewagt, Dir Kummer zu bereiten.

Ich halte Dein Schild hoch in Ehren
und streite für die Frau meines Lebens
und sollte ich im Kampfe sterben
so ist mein Tod nicht vergebens.

In Köln ward sie geboren
In München hat sie gelebt
hier hat sie auch ihr Leben verloren
und ich, ich kam zu spät.

Zu spät um ihr zu gestehen
wie lieb ich sie hab
ich könnte in Tränen vergehen
nun schläft sie in ihrem Grab.

Das Grab auf dem kleinen Friedhof
Es liegt auf einer kleinen Höh
Im Sommer ist es mit Blumen bedeckt
Im Winter schmückt es der Schnee.

Dort liegt sie im tiefen Schlummer
alles ist so friedlich und still
hier steh ich und seufze meinen Kummer
wie damals vor Wochen im Monat April.

Ich sehne mich nach ihr
und sehne mich nach innerster Ruh
Was bleibt denn noch mir
ich bin müde und schließe ein wenig
die Augen zu.

Nun stehe ich hier am Grab
um sehne dem Abend entgegen
Da, ein Leuchten am Himmel,
war es das eben?

Und plötzlich die Wolkendecke bricht
und ich fühle im Herzen
wie eine Stimme zu mir spricht:

»Komm mein Poet, wollen wir gemeinsam
gehen in das leuchtende Abendrot?«
Ich bin so schläfrig, sink hernieder
es ist wunderschön, ist das etwa der Tod?

August 2005

»Einsam fliessen meine Tränen«

Prolog
Wenn ich in Deine Augen seh
so spür ich einen süßen Schmerz
und wenn ich küsse Deinen Mund
dann wird mir so warm ums Herz.

Abends vor dem Schlafengehn
werd ich ihrem Bildnis gestehn
wie sehr ich sie verehr
Morgens wenn der Tag erwacht
und beendet ist die weinende Nacht
ist mein erster Gedanke »Jennifer«

Dein Bild auf meinem Nachttisch steht
das ich zu jeder Stund anred
Und es ist mir immer ein Muss
Dir zu geben einen Kuss

Allnächtlich liege ich wach
habe nur an Dich gedacht
in dieser einsamen Nacht
hast Du mich um den Schlaf gebracht

In jener Nacht die ich weinend verbracht
ich glaubte es kaum
Du würdest mich küssen
doch als ich erwacht
es war nur ein Traum
liefen Tränen in mein Kissen

Du bist wie eine Blume
so rein und wunderschön
Ich kann gar nicht anders
Du bist einfach lieblich anzusehn

Du bist meine schönste Melodie
Du bist mein liebstes Gedicht
Ich bin verliebt wie noch nie
Ich liebe Dein Angesicht

Einsam fließen meine Tränen
in dieser stillen Nacht
niemand soll sie sehen
mein Flehen und Seufzen hält mich wach

Wie die Bäche in die Flüsse
und die Ströme in das Meer
so ergießen sich meine Tränen
wenn ich den Namen »Jennifer« hör

Du bist der Welt abhanden gekommen
es ist alles so leer ohne Dich
Ich seh alles nur noch verschwommen
doch meine Tränen verstecke ich

Abends im Stillen schreib ich ein Gedicht
ich brauch nicht lang zum Überlegen
Ich sehe ja im Geist Dein Angesicht
Ich schreibe es Dir zu Ehren
damit die Menschen endlich hören
Ich steh zu Dir, ich will es beschwören

Einsam fließen meine Tränen
sie kann mir keiner nehmen
außer ihrem Vater
mit dem ich schriftlich verkehre
Denn nur er weiß
wie sehr ich Jennifer verehre

Ja, es ist der Vater, dem ich mich anvertrau
Ich schreibe Briefe und erzähle ihm genau
was ich für »Jenny« empfinde
Vielleicht das er meine Gedanken
zu ihr in den Himmel bringe

Im Traum seh ich Dich am Fenster stehen
ich ruf Dir zu, Dich nicht zu bewegen
will Dich zurückreißen, Dich umarmen
Du entgleitest mir, oh Gott – Erbarmen

Ich wache auf und seh nach ihrem Bild
aber ich sehe es kaum
denn meine Tränen haben die Augen gefüllt
in diesem furchtbaren Alptraum

Und ich sehne dem Tag entgegen
wo ich fahre an Dein Grab
Dort werde ich Blumen niederlegen
wie es schöner sie nie gab

Denn nun bist Du selbst wie eine Blume
und lächelst in der Sonne Pracht
Doch abends legst Du Dich schlafen
und träumend erwartest Du die Nacht

Und wenn ich aus dem Fenster seh
dann schau ich zu der Sternenpracht
denn sie wachen über Dein Heiligtum am Grab
bis das der Morgen erwacht

Die Sonne, die Blumen, die Sterne
sie werden irgendwann nicht mehr sein
und geschieht es auch in weiter Ferne
Du wirst ewig bleiben mein

Und schuld daran sind Deine Augen
in die ich so gerne seh
Tränen, die da einsam fließen
    Ich vergesse sie nie

August 2005

»Du bist der Sturm den ich liebe«

Prolog
Sterne,
überall Sterne
alles lauter Sterne
in so weiter Ferne, Millionen von Sternen

Welcher Stern bist Du
ich kann Dich nicht erkennen
es lässt mir keine Ruh
könnt Ihr ihn mir nennen

Damals vor einem Jahr
als das Unglück geschah
war ich wie am Boden zerstört
und war still und in mich gekehrt

Und im Geiste sah ich ihr Gesicht
das ich so ins Herz geschlossen
es wurde dunkel in mir, kein Licht
es hatte mich zutiefst getroffen

Tief sitzt der Schmerz
den wir alle verspüren
Wehmut beschleicht mein Herz
es ist, als würde mir die Kehle zuschnüren

Ach, was habe ich geweint um Dich
und tue es immer noch still für mich
weil ich Dich so leiden mag
Es vergeht kein Tag
an dem ich nicht mit dem Kopf gesenkt
an Dich denk

Manchmal hab ich Angst
mich in die Tiefe zu stürzen
weil dunkle Gedanken mich geißeln
doch hab ich das Recht
das Leben abzukürzen
Es ist zum Verzweifeln

Manchmal ist mir danach
in die Kirche zu gehn
um im stillen Gebet Dir nahe zu sein
Alle sollen es sehn
wie ich entzünde eine Kerze in Gedenken Dein.

Und die Gläubigen fragen sich
»Nie ist er sonst gekommen«
»Ist er gegangen unter die Frommen?«
Ja, ich komm zu Eurem Gott
es ist wohl nicht vergebens
ich möchte beten für die Frau meines Lebens

Ich möchte für sie ein gutes Wort einlegen
um den Herrgott zu bitten ihr zu vergeben
warum sie auch immer geschieden aus dem Leben
Sie ist mir so nah, das fühle ich
niemand kann mir das nehmen

Oh Du Heiland am Kreuz, sage mir
ist sie nun auch wirklich bei Dir
Du hast so viele Engel um Dich
Sieh herunter zu mir, ich habe nur noch mich

Wenn es draußen dunkelt und stürmt
wenn der Wettergott sich erzürnt
und Sträucher und Äste sich biegen
dass die Blätter von den Bäumen fliegen
dann weiß ich »Du« bist es die da tobt
dass die Wellen brechen über das Boot
denn »Du« bist der Wind
der zum Sturme sich erhebt
dass alles unter Dir zusammenbricht und erbebt

Denn Du bist der Sturm der alles zerlegt
Du bist die Frau die mein Gemüt so bewegt
Du bist es die mein Herz zum Beben bringt
Du bist die Frau die ich beschützen möchte wie ein Kind

Du bist der Stern am Firmament
Du bist das Feuer das am Himmel brennt
Du bist es die vom Glück und Leid mir singt
Du bist es die mich zum Weinen bringt

Und doch liebe ich Dich unbeschwert
weil ich Dein Wesen so leiden mag
Du bist mir alle Tränen wert
die ich für Dich gelitten hab

Bald fahr ich wieder in den Norden
im Dezember, am Geburtstag wird es sein
dann ist es sicher winterlich geworden
wenn ich stehe am Grab allein

Nah der Kapelle am Portal
schreite ich langsam ihrem Grabe zu
Ich werde so furchtbar sentimental
denn hier fand sie ihre letzte Ruh

Ich spreche mit ihr am Grabe
ganz leise, wie lieb ich sie hab
auf dem Stein steht ihr Name
den ich in meinem Herzen trag

Es dunkelt schon und ich muß gehen
Langsam wollen die Sterne Dein Grab besehn
Es sind von der Anzahl her so viele
Behütet diesen Ort meiner Liebe
Dass sie nicht gestört wird in ihrem Schlummer
und ich Abschied nehmen kann mit meinem Kummer

Dunkel und doch klar seh ich in den Abendhimmel
Es ist wunderbar
Und geheimnisvoll geht der Mond seinen Weg
und ich suche den Stern der Deinen Namen trägt

Der Nachthimmel zeigt die Unendlichkeit
Ich spüre wie eine Träne ins Auge steigt
Sterne, überall Sterne
in so weiter Ferne
Es gibt so viele, man kann es nicht sagen
Die meisten haben keinen Namen
Doch den einen, der dort oben
fast allein am Himmel steht
und so lieblich zu mir herunter späht
der gefällt mir sehr
Ich fühle es in meinem Herzen
Das ist er
Das ist »Jennifer«

August 2005

»Ach es war ja nur ein Traum«

Frühmorgens eilen meine Gedanken zu Dir
und ich setze mich und bring es zu Papier
Dir zuliebe schreibe ich diese Reime
Nur für Dich, Du eine, Du meine, für sonst keine.

Wenn erst der Abend naht
und wenn es dunkel wird
dann sitze ich still für mich allein
und wenn es an der Türe klopft
dann denke ich, »Du« könntest es sein

Ich träume so oft, wir wären ein Paar
Ich küsse Dich und streichle Dein blondes Haar
Ich schenke Dir den schönsten Blumenstrauß
Ach, wir Romantiker sterben bald aus

Manchmal träume ich, sie wäre heute noch am Leben
und den 13. Juni hätt es nie gegeben
dann würde ich sofort nach München ziehn
um vor ihr nieder zu knien

Ich würde sie zärtlich berühren und ihr gestehn
wie froh ich bin sie zu sehn
wie schön es ist, sie zu umarmen
und sie fragt mich nach meinem Namen

Ich bin nur ein kleiner Verehrer
und habe mich verliebt
in die schönste Frau, die es für mich gibt
ich bin ein unbekannter Dichter in diesem Land
und werde Manfred Nemann genannt

Sie würde lächeln und an mir vorübergehn
aber ich habe sie persönlich gesehn
Ich sehe ihr liebevoll noch nach
und ach,
ich bin aus meinem Traum erwacht

> »Mir träumte wir säßen zusammen
> und sprächen über den Sinn des Lebens«

Stillschweigend hab ich sie angesehn
Sie ist so bezaubernd schön
Ihre Augen, ihr Lächeln, ihre Stimme, ihr Mund
alles rührt mich so, das hat seinen Grund
denn alles was sie sagt und spricht
das geht mir zu Herzen, ich bin verliebt in ihr Gesicht

Wir haben getanzt und gelacht
und über ihren Erfolg nachgedacht
»Was nützt mir der Erfolg, wenn ich ihn
nicht teilen kann«
das waren ihre Worte, damals irgendwann

Ich spüre das Unglück, das da naht
Sie ist noch so jung und so apart
ich wünschte, die Zeit bliebe stehn
und nichts Unverhofftes würde geschehn.

Gibt es einen gerechten Gott in dieser Welt
diese Frage habe ich mir seitdem oft gestellt
Da findet man die Liebe seines Lebens
Doch das Schicksal will es anders, vergebens.

Da wächst ein kleines Mädchen auf
zu einer schönen Frau
und einige Jahre darauf
man weiß heute noch nicht genau
stürzt das Liebste in den Tod
Es gibt so viel Elend zu beklagen
aber furchtbar ist es, sein eigenes Kind
zu verlieren und zu begraben

Wie gern würde ich ihre Wohnung sehn
wo sie gewohnt und verkehrt
was würde ich darum geben
wenn man mir Einlass gewährt

Schon der Gang ins Treppenhaus
bis hinauf zu ihr
jede Stufe, keine lass ich aus
das Berühren ihrer Tür, das wünsch ich mir

Der Blick aus ihrem Fenster, der so tief
Das Kissen auf dem Sofa, auf dem sie schlief
das hätte ich so gern berührt
und es liebkost und verführt
ich hätte es so gerne an mich gedrückt
Es wär für mich das größte Glück

Ach wie gern hätt ich dies alles gesehn
Doch man lässt mich nicht, man muss es verstehn
Vielleicht später einmal, ich glaube es kaum
Es war ja nur ein Traum.

»Ich frage mich oft,
    wo ich eigentlich hingehöre«
Ich habe Jennys Worte so oft gelesen
und mir den Kopf zerbrochen
was wäre wohl gewesen
wenn wir über ihre Probleme gesprochen

Ach wie gerne hätt ich ihr beigestanden
in guten und schlechten Tagen
Ich wünschte, ich hätte Dich aufgefangen
Ich steh zu Dir, egal was die Leute sagen

Du gehörst Deinem Publikum, weil es Dich gibt
Du gehörst Deinem Vater, der Dich so liebt
Aber ein wenig gehörst Du auch zu mir
weil ich Dich liebe und weil das so ist
Doch am meisten gehörst Du Dir
weil »Du« so wundervoll und einzigartig bist

Ach Jennifer, ich sitze hier und schreibe
und sehe auf Dein Bild das vor mir steht
keiner weiß, was ich durchleide
wenn es um meine Liebste geht

Träumen werde ich diese Nacht von Dir
und Dich in meine Arme nehmen
Ich halt Dich fest, Du bist bei mir
Ich lass Dich nie wieder gehen
wir zwei ganz allein, ich glaube es kaum

Ach, es ist ja nur ein Traum.

August 2005

»Solang man Träume
noch leben kann«

Berühmte Dichter und Denker zieren meine Wand
Goethe und Einstein werden sie genannt
Auch »Jennifer Nitsch« ist bei mir zu Haus
Sie ist in bester Gesellschaft, es macht sich gut aus

Dein Bildnis ist mein Altar
Du bist mein so genannter »Pop-Star«
Die Dichter und Denker mögen schmunzeln
und ihre Stirne runzeln
Doch das stört mich nicht, Jennifer bleibt für immer
Du bist mein liebstes Portrait in meinem Zimmer

Ich höre gerne Mozart, Mahler und Bach
und lese Bücher von Goethe und Heine
manchmal bleibe ich die Nacht wach
und sehe auf Dein Bildnis, Du Meine

Und manchmal glaube ich dann
dass Dein Bild sprechen kann
dann stelle ich mir vor
Du flüsterst mir ins Ohr
wie lieb wir beide uns haben
und ich rufe zärtlich Deinen Namen
»Jennifer«, lass mich träumen von Dir

nur hin und wieder, dann und wann
so lang man Träume noch leben kann

Ja, Jennifer ist ihr Name
Blond sind ihre Haare
Ihre Augen sind so strahlend blau
Ich bin verzaubert, wenn ich in ihre Augen schau

Ihr Lächeln, das möchte ich nie missen
Ihr Mund ist so süß, direkt zum küssen
Ach ist das schön, wenn sie bei mir wär
Ihre ganze Erscheinung rührt mich so sehr
es macht mir große Freude sie anzusehn
Wie herrlich, wie süß, Gott bist Du schön

So schön wie die Sonne in ihrer Pracht
So schön wie der Abendstern bei Nacht
So schön wie ein Gedicht, das ein Poet ersann
Was für ein Traum, was für ein Klang
Solang man Träume noch leben kann.

Ach, wäre München nicht so weit
ich würde fahren jederzeit
um in Deiner Straße auf und ab zu gehn
und vor Deinem Haus blieb ich stehn

Denn ich fühle, hier bin ich Dir nah
Ich stell mir vor, Du wärst einfach da
und mein Herz schlägt schneller
und gibt keine Ruh
weil ich weiß, in der Straße wohnst Du

Und die Nachbarn aus ihrem Haus
wundern sich und schauen ganz verlegen
bei Wind und Wetter in Saus und Braus
kommt dieser Mann extra aus Bremen

Ja, aus Bremen komm ich her
um Euch allen mitzuteilen
welch große Künstlerin hier gelebt
Deswegen möchte ich hier verweilen
um ihr zu gedenken, wie Ihr seht.

Ich habe diese Frau geliebt
und werde sie immer lieben
weil es nichts besseres für mich gibt
Meine Liebe wird alles überwiegen.

Sie ist zwar nicht mehr hier
und doch ist sie nah bei mir
Ich weiß, sie hört mir stillschweigend zu
in ihrem süßen Schlaf der ewigen Ruh

Es gibt Tage, da glaube ich, sie kommt mir entgegen
und ich denk, war sie das nicht eben?
Ich seh ihr ins Gesicht
oder täusche ich mich?
Oh ich spüre wie es schmerzt
als zerreiße man mir das Herz
Keiner weiß wie lieb ich sie hab
dass ich aus Liebe versinken könnte in ihr Grab.

Als Jennifer damals von uns ging
habe ich geweint wie ein Kind
ich hielt die Hände vors Gesicht
und weinte so bitterlich

Oh, Herrgott im Himmel
lass ein Wunder geschehn
bald oder irgendwann
lass sie bitte auferstehn
dass ich sie umarmen kann
dass ich sie drücke an mein Herz
vergessen will ich dann all den Schmerz
vergessen die vielen Tränen,
die mich um den Schlaf gebracht
Doch nicht die süßen Träume, die ich mit ihr verbracht
Den Kuss, den ich ihr heimlich geraubt
Sie ist ja meine kleine Braut
das zärtliche Beisammensein
in unserem trauten Heim

Mein schönster Traum wird wahr
bald oder doch erst irgendwann

Solang man Träume noch leben kann

Nun steh ich wieder in meinem Zimmer
und sehe auf die berühmten Gesichter
Goethe und Einstein geben was her
doch am meisten beeindruckt mich »Jennifer«

Ja, Ihr alten Männer schaut nur düster drein
Ihr großen Dichter und Denker
Jennifer ist mir die Liebste in meinem Heim
denn sie ist mehr als ein Goethe-Gedicht
sie ist mehr als Einsteins Theorie
Sie verzaubert einfach mich
und die Theorie versteh ich nie

Am Abend liebkose ich Dein Bild
berühre zärtlich Deinen Mund, ganz mild
spreche leise wie lieb ich Dich hab
und danke dem Herrgott
dass es Dich gegeben hat.

Und ich bete zu Gott, das ich einmal
nur einmal
bei Dir sein kann
irgendwann
Solang man Träume noch leben kann

September 2005

»MIR TRÄUMTE, WIR WÄREN EIN LIEBESPAAR«

Prolog
Gedichte schreibe ich viele
Doch tue ich es nicht für mich
Du bist der Grund, weil ich Dich so liebe
Eine andere gibt es nicht für mich.

Viele Gedichte habe ich für Dich geschrieben
und habe sie an Deinen Vater gesandt
und weil wir Dich beide so lieben
werden diese Gedichte Dir in den Himmel nachgesandt

Ach, ich wünschte ich hätte Dir eher meine Verse zugesandt
und hätt Dir meine Liebe gestanden
aber vielleicht hättest Du Dich auch abgewandt
und ich fühlte mich unverstanden

Sicher hätt ich kein Wort rausgebracht
Dir zu sagen, was ich für Dich empfind
Ich wär nah einer Ohnmacht
und hätt gestottert wie ein Kind

Doch kleine Verse, die kann ich schreiben
um Dir meine Liebe mitzuteilen
so sehr hat Dich noch kein Mann geliebt
Ich bin mehr als nur in Dich verliebt

Du bist die Welt in der ich lebe
Du bist meine Leidenschaft
Du bist meine Lieblingsmelodie
die ich so gern höre
Du gibst mir so viel Lebenskraft

Wenn ich an Deinem Grabe steh
dann spreche ich leise zu Dir
und wenn ich mich konzentrier
dann höre ich Deine Stimme, Du süße Fee

Ich lege Dir ein Gedicht mit ans Grab
damit Du weißt wie lieb ich Dich hab
und ich berühre zärtlich Deinen Stein
um noch näher bei Dir zu sein

Und wär ich einer von den sieben Zwergen
die ihr Schneewittchen so verehren
ich läge Dir zu Füßen
und würde versuchen Dich wachzuküssen.

Ich weiß, Du schläfst in Deinem Grab
und doch lebst Du in meiner Seele fort
auch wenn ich Dich verloren hab
Du bist bei mir, an keinem anderen Ort.

Denn ich liebe Dich mehr
als mein eigenes Leben
Alles würde ich für Dich tun
Ich würde es sogar für Dich geben
um an Deiner Stelle zu ruhn

Jeden Morgen küsse ich zärtlich Dein Bild
erst die Stirn, dann die Wangen,
und dann Deinen süßen Mund
Mein Herz ist voll mit Sehnsucht gefüllt
da ich so verliebt, und Du bist der Grund

In diesem Gedicht will ich Dir meine Liebe gestehn
alle sollen es hören, alle sollen es sehn
Die ganze Welt soll es erfahren
wie lieb wir uns beide haben.

Doch muß ich Dich erst fragen
ob es wird Dir auch behagen
Ich will Dich mit Blumen beschenken
und werde wie ein Löwe um Dich kämpfen
Niemand darf Dich verletzen oder berührn
sonst bekommt er es zu spürn
Ich verehre Dich nun einmal
weil Du so lieb und bezaubernd bist
Jetzt weiß ich auch, was Wahre Liebe ist

Mir träumte wir wären ein Liebespaar
und in der Kirche sagst Du leise Dein »Ja«
mein Herz pocht schnell, gibt keine Ruh
und die Glocken läuten himmlisch dazu

Wir bekommen Gottes Segen
und ich könnte mit Dir in den Himmel schweben
Und Engelschöre singen von unserem Glück
Ich bin so selig, Du bist mein bestes Stück

In meinen Träumen bist Du real
Ich finde Dich einfach genial
selbst wenn Du zornig bist und gemein
Ich kann Dir niemals böse sein
und schimpfst Du noch so sehr
Ich liebe Dich umso mehr

Doch in mancher Nacht liege ich wach
werde aus meinen Träumen gerissen
und es sind Tränen in meinem Kissen
Was damals in München geschah
Ich will es verdrängen, es geht nicht, ich Narr
    »Oh Jennifer, steig nicht aufs Dach, lass es sein
    Du stürzt uns alle ins Unglück mit hinein«
Welch böser Geist hat sie getrieben
und aus dem Leben gerissen
Im Traum sah ich sie auf dem Gehweg liegen
Ich werde sie so vermissen
Dort liegt sie wie eine Blume, gebrochen,
wie von starker Hand
Wo war Dein Schutzengel
als man Dich tot vor dem Hause fand
Hier liegt meine Liebe zerbrochen wie Scherben
Ich könnte vergehen vor Wehmut und möchte sterben
Es ist nicht zu begreifen und zu verstehen
Was bleibt, sind meine Tränen.

Es dunkelt schon
und der Abend verkündigt die Nacht
Ich lege die Feder nieder
ein neues Gedicht ist fertig vollbracht

Geistige Musik schwebt durch den Raum
Ich schließe die Augen und merke es kaum
wie Du mich küsst, zärtlich und mild
oder war es doch nur Dein Bild

Morgen bricht ein neuer Tag für mich an
dann setze ich mich und schreibe Dir dann
ein neues Liebesgedicht, Dir zu Ehren
Liebevoll und romantisch soll es werden
voller Harmonie, Sehnsucht und Zärtlichkeit
denn Du bleibst in meinem Herzen
*   in aller Ewigkeit*

September 2005

»Dein Bildnis das ich so lieb«

Wo ich auch stehe
Was ich auch tu
Wohin ich auch gehe
Ich seh nur Dich, tausendmal Du

Was hast Du bloß mit mir gemacht
Das mein Herz nicht richtig tickt
Was hast Du Dir dabei gedacht
Man hält mich schon für verrückt

Es ist ja nicht zu fassen
Ich hätt es nicht geglaubt
Ich werde Dich suchen lassen
Du hast mir mein Herz geraubt

Ich habe mich in Dein Bild verliebt
Deine Augen, Dein Mund, Dein süßer Blick
Ich küsse es, wenn es niemand sieht
Du bist mein größtes Glück

Liebevoll schau ich Dein Bildnis an
Ganz still ist es dann um mich
Ich bin so gerührt, weil ich nicht anders kann
Da ich so verliebt bin in Dich

Und wenn ich mal erkranke
dann küsse ich vom Bildnis Deinen Mund
dann fühl ich mich wie neu geboren
und bin schon fast gesund.

Wär ich ein Komponist
für Dich schrieb ich eine Symphonie
die so schön, dass Mozart und Mahler mich neiden
Sie ist voller Liebe und Harmonie
ein Liebesbekenntnis voller Bläser und Geigen

Es ist als singen Engelszungen
das Lied vom Glück und Leid
nie hat eine Musik so schön geklungen
so lieblich und süß voller Zärtlichkeit

Wenn ich ein Maler wär
Du wärst mein schönstes Bild auf der Welt
Es gäbe keine »Mona Lisa« mehr
Dein Portrait ist es, was mir so gefällt

Und die Dichter:

Der eine liebt Goethe, der andere Heine
ich liebe sie alle beide
Doch am liebsten mag ich Gedichte über Dich
und wer sie schreibt, das bin halt ich

Doch beide Dichter sind schon fast verschwunden
Du »Jennifer« hast beiden den Rang abgerungen
Und wenn man mich fragt, warum das so ist
weil »Du« meine große Liebe in meinem Herzen bist

Jeden Tag könnt ich Dir Gedichte schreiben
um Dir meine Liebe zu gestehn
wie lange muß ich denn noch leiden
bis wir uns beide endlich gegenüberstehn

Es sei denn, der liebe Gott hat ein Einsehen
Und sendet Dich als Engel herunter zu mir
was würde ich alles darum geben
damit ich Trost finden kann bei Dir

Du bist ja meine gute Seele
der Grund weshalb ich noch lebe
nur für Dich bin ich noch auf dieser Erde
weil ich Dich so liebe und verehre

Ich schreibe Dir dieses Gedicht
was durchdrungen von Gefühlen und Wehmutsschmerzen
Ich sehe Dein liebes Gesicht
und liebe Dich von ganzem Herzen

Bald reise ich wieder in den Norden, allein
und lege Blumen an ihr Grab
und ein Gedicht lese ich für die Liebste mein
damit sie weiß, wie lieb ich sie hab.

Hier liegt meine Liebe in himmlischer Ruh
Leise spreche ich meine Worte, nur der Wind hört mir zu
Ihr Name »Jenny« steht auf dem Stein
Die Frau, die ich so liebe, es sollte nicht sein

Was wird wohl auf meinem Grabstein stehn
wenn die Menschen an mir vorüber gehen
»Zu groß war seine Liebe voller Wehmutsschmerzen
er starb an seinem gebrochenen Herzen«

Aber noch ist es nicht soweit
Es bleibt mir noch ein wenig Zeit
für Dich zu gedenken mit all meiner Liebe die ich habe
jetzt und morgen, bis ans Ende meiner Tage.

September 2005

»DU WARST MIR SO NAH«

Als Dein
Geburtstag war
Am 10. Dezember in diesem Jahr

Noch schneller als die Wolken ziehn
Rast der Zug Sankt Peter Ording zu
Ich möchte zu Ihrem Grabe fliehn
Dort wo sie schläft, dort fand sie ihre letzte Ruh

Der Zug rast durch das Land
Und ich bin so gespannt
Häuser und Bäume fliegen am Fenster vorbei
Meine Gedanken sind bei ihr,
die Landschaft ist mir einerlei

Ja, am heutigen Tag warst Du geboren
Und ich hab es mir geschworen
Dich heute mit Blumen zu beschenken
Damit Du weißt, dass wir alle an Dich denken

Wir alle? Ganz besonders aber Ich!
Dich vergessen, das kann ich nicht
Verehrer mag es geben, der Anzahl viele
Aber nur ich komme von weit her
Weil ich Dich so liebe

Nun bin ich am Ziel
Und es klingt »die neunte Mahler« in mir
Leb wohl, Du mein geliebtes Saitenspiel
Heut gedenk ich Dein, ich schulde es Dir

Der kleine Friedhof mit ihrem Grab
Es ist für mich ein geweihter Ort
Ich war schon einmal hier, bei der ersten Fahrt
Und fand das Grab auch sofort

Damals hatte ich es ihr am Grabe versprochen
Ich werde wiederkommen zu Dir
Ich habe mein Wort nicht gebrochen
Die Reise war lang, doch nun bin ich hier
     Und leb Dein Leben
Die Sonne scheint, aber Wolken ziehen auf
Ich bin mit meinen Gedanken allein
es wird kühl, ich sehe zum Himmel hinauf
und ich frage mich, wo mag sie jetzt als Engel sein

Der Wind braust plötzlich auf, er fährt durch alle Glieder
er geht mir durchs Haar
Mir ist, als gehst Du an mir vorüber
Ich fühle es, seltsam, wie sonderbar

Ich fühle, wie eine unsichtbare Hand mich berührt
Ich habe es ganz deutlich gespürt
Kann es denn sein, dass Du mir so nahe bist
und das Deine Seele bei mir ist

Durch die Wolken fällt ein weihevolles Licht
und ich glaube zu hören, wie eine Stimme zu mir spricht
es ist auf einmal so ruhig und ich höre in mich hinein
Könnte es deine liebliche Stimme sein?

Ich habe den festen Glauben daran
das hin und wieder ein Wunder geschehen kann
als da plötzlich ein Licht durch die Wolken bricht
und ich glaube zu hören, wie Deine Stimme zu mir spricht

»Du hast mich gesucht und gefunden
Danke Dir mein Freund, ich bin Dir sehr verbunden
Du hast so oft an mich gedacht
bei Tag und in der Nacht
Und Deine Gedichte die Du geschrieben
ich fange an sie zu lieben
Doch mach Dir Dein Herz nicht so schwer
Ich weiß Du liebst mich, sogar sehr
Mein guter Freund, sei nicht so sehr bedrückt
bis wir, wenn Du kommst, im Himmel uns wiedersehn«

Was ist? Ich war in Gedanken
War das ihre Stimme eben
Es war wie ein göttlicher Funken
War sie wirklich einen Moment zugegen?

Wo ist das helle Licht
Oder täusche ich mich
Ich hätt es nie geglaubt
Ich bin meiner Sinne beraubt

Das Grab, die Blumen und der Stein
Ich seh mich um, ich bin allein
Es kommen wieder meine Tränen
Aber ich werde mich deshalb nicht schämen

In der kleinen Kapelle, wo die Glocke läutet
zünde ich eine Kerze für Dich an
Du allein weißt, was es bedeutet
das ich meine Tränen nicht zurückhalten kann

Zu groß ist das was ich für Dich empfinde
wie die Liebe zu einem Kinde
Wohin die Wolken dort oben auch ziehn
Ich werde immer den Weg zu Dir finden
um an Deinem Grabe niederzuknien

Ich nehme nun Abschied von hier
an diesem für mich geweihten Ort
doch meine Gedanken bleiben bei ihr
Sie lebt in meinem Herzen fort

Die Blumen, ihr Name auf dem Stein
den ich photographier
es soll ein Andenken für mich sein
Ich verneige mich vor Dir

Ich stell mir vor, wie es im Himmel ist
Du umgeben von einem hellen Schein
Ich weiß, dass Du von Engeln umgeben bist
Es macht mich traurig, Du wirst es mir verzeihn

Noch ein letzter Blick zurück
leb Wohl, mein Mädchen, mein Glück
Eine wunderschöne Melodie begleitet mich
Das Adagio aus Mahlers Neunter soll es sein
auf meinem Weg ohne Dich
nach Haus, wieder allein

Du, Nur Du

ewig Dein

ewig mein

ewig uns

ewig... ewig... ewig...

Oktober 2005

»Gedanken vor ihrem Haus«

München Du Stadt in der man gerne lebt
Die Stadt, in der es fast alles gibt
Dort, wo das Leben nicht ruht, eher bebt
Die Stadt, in die man sich gerne verliebt

Als ich damals in Schwabing war
wollte ich diese Metropole gar nicht erkunden
Sie ist von Menschen überlaufen wie jedes Jahr
Ich fühlte mich nur einer Frau verbunden

Nur aus einem Grund kam ich hierher
um auf ihren Spuren zu schreiten
Ihr wisst, wen ich meine, natürlich »Jennifer«
In Gedanken möchte ich sie überall hin begleiten

Ich lief durch die Straßen dieser Stadt
die doch soviel Schönes zu bieten hat
In welchem »Cafe« hat sie gesessen?
Wo ist das Restaurant, wo sie gegessen?

Wo ging sie spazieren?
Wo lief sie entlang?
vielleicht im »Englischen Garten« promenieren
oder gar am »Isar-Strand«?

Das Wohnhaus in Schwabing

Wo parkte sie ihren kleinen Wagen?
In welcher Boutique kaufte sie ein?
Wo fuhr sie entlang, wer kann es mir sagen?
War sie in Gesellschaft oder doch allein?

Ich lief durch die Straßen dieser Stadt
Mir war zum Frohsinn nicht zumute
von einer Säule grüßte »Karl Valentin« herab
Eine Obstverkäuferin scherzte mit mir, die Gute

Sie konnte ja nicht wissen
wie groß geworden war mein Schmerz
Mein »Liebstes« wurde aus dem Leben gerissen
Mir ist, als steche man mir ein Messer ins Herz

Die »Franz-Josef-Straße« endlich, irgendwann
Ich lief schnurstracks geradeaus
Die Straße unter meinen Füßen fing zu beben an
Hier ist sie gelaufen, hier war sie zu Haus

In Gedenken legte ich meine Blumen nieder
an der Stelle wo sie lag
Ich erkannte den Ort des Schreckens wieder
was trieb sie zu dieser Tat?

Menschen, die achtlos an mir vorübergingen
Sie wussten nicht, was damals geschehen
Ich musste mit meinen Tränen ringen
Welch böser Geist nahm ihr das Leben

Ich stand vor dieser Häuserwand
Und sah auf den Gehweg vor ihrem Haus
hier lag sie tot, als man sie fand
Ich brach in Tränen aus

Doch auf meine Schulter klopfte eine fremde Hand
Man wollte mich trösten, es sei dem guten Freund gedankt
Wir hatten uns vorher nie gesehen, auch nicht gekannt
Nur die Zuneigung zu dieser Frau, die uns verband

Hier also ist es geschehen
das Unglück vor einem Jahr
Wollte sie sich wirklich das Leben nehmen
man weiß bis heute nicht, warum es damals geschah

Ich glaube nicht daran
dass sie sich das Leben nahm
damals vor einem Jahr
vielleicht dass sie doch einsam war
Worüber ich so traurig bin
es ergibt für mich keinen Sinn

Zwei Stunden hatte ich vor ihrem Haus verbracht
und ihre kleine Gedenkstätte bewacht
Ich wünschte, sie käme mir jetzt entgegen
Ich würde sie liebevoll in die Arme nehmen.

»Jenny«, Du bist mir die Liebste auf dieser Welt
davon gibt es für mich nicht viele
Du bist mein Lieblingsstern unterm Himmelszelt
Habe ich Dir schon gesagt, dass ich Dich liebe

Ich gehe noch einmal die Straße entlang
dort wo ihr junges Leben ein Ende fand
Ich werde wiederkommen zu Deinem Haus
und lege an gleicher Stelle Blumen für Dich aus

Oh, Herrgott im Himmel, wenn es Dich wirklich gibt
sage ihr bitte, wie sehr ich sie lieb
sage ihr, wie sehr ich sie vermisse
dass ich jeden Abend ihr Bildnis küsse.

Sie ist fort und ich möchte es nicht säumen
dem lieben Gott zu danken, dass es sie gab
Sie bleibt mir ja noch in meinen Träumen
wo ich ihr immer gestehe, wie lieb ich sie hab

Ach, wär es nur ein böser Traum
aus dem ich endlich erwache und sie noch im Leben
Ich würde vor Freude weinen, man glaubt es kaum
und das Unglück wäre nie geschehen

In meinen vier Wänden hast Du ein neues Heim gefunden
und ich betrachte liebevoll Dein Bild
stets bleibe ich Dir auf immer verbunden
Ich unterschreibe dies mit meinem Blut, was ewig gilt

Wenn es einen Film mit ihr zu sehen gibt
dann ruf ich aus »schaut her, das ist sie, die ich meine
        ich bin ja so in sie verliebt
            nur sie macht mir Freude und sonst keine«

Ja, in Deinen Filmen wird man Dich immer sehen
das tröstet mich ein wenig beim Abschied nehmen
aber was kann es Schöneres geben
als in den Herzen anderer weiter zu leben

Ja, in meinem Inneren bist Du nun zu Haus
und wenn ich lächel, schaust Du aus meinem Herzen
heraus
und sollte ich mal traurig sein
so tröstest Du mich insgeheim

Du wirst mir fehlen
aber der Tag wird kommen, dann bin ich nicht mehr allein
Ich will ja nicht ewig leben
dann werd ich bei Dir im Himmel nahe sein.

Oktober 2005

Gedenkstelle, Franz-Joseph-Straße

»Brief an Jenny«

Mein Mädchen
mein Alles
mein Ich

Heut schreib ich Dir, seh auf Dein Bild
das vor mir steht
und während ich Dich betrachte, denke ich
»das Bild, es lebt«
Du beobachtest mich ganz heimlich und still
Ob Du wohl ahnst, was ich Dir schreiben will?

Ich habe schon so viele Gedichte geschrieben
besonders gerne über Dich
Ich kann nicht aufhören, Dich zu lieben
so empfinde nun mal ich

Schon am Morgen, wenn der Tag erwacht,
begrüße ich Dein Bild
und wünsche Dir abends eine gute Nacht
und küsse in Gedanken Dich ganz mild

Ach Jenny, warum haben wir uns nicht
schon früher gekannt
Zu Lebzeiten hätt ich Dir geschrieben
wie großartig ich Dich als Schauspielerin fand
und die Frau in Dir möchte ich so gerne lieben

Ich liebe nun mal Dich
und bin auch so gerührt
Ich mag Deine herbe Stimme, wenn Du sprichst
Du bist einzigartig, das habe ich sofort gespürt

Ich versuche in deinem Gesicht zu lesen
welch wundervolle Frau Du bist
Deine Augen, Dein süßer Mund, Dein ganzes Wesen
Wie oft habe ich Dich im Traum schon geküsst

Wenn Du mich so ansiehst mit Deinem zärtlichen Blick
empfinde ich nur Liebe für Dich
es ist als höre ich himmlische Musik
Dich zu lieben ist mein größtes Glück

Oh Jenny, ich hab im Traum mir vorgestellt
Du hättest das Unglück überlebt,
wärst aber schwer erkrankt
Ich schwör bei Gott, ich bin der, der zu Dir hält
Ich stände zur Seite Dir ein Leben lang

Doch es ist nun mal so im Leben
die der liebe Gott liebt, müssen wohl eher gehen
Ich aber kann und will es nicht verstehen
es fällt mir so schwer, von Dir Abschied zu nehmen

Ja, es fällt mir schwer, das zu verstehen
was damals vor einem Jahr geschah
Du fehlst mir in meinem Leben
Und doch spüre ich in meinem Herzen
Du bist mir so nah

Und bin ich für mich allein
so laufen Tränen an meinen Wangen herab
Ich kann nicht anders, es muß wohl so sein
weil ich an Dich mein Herz verloren hab

Jenny, ich weiß, Du hattest einige Sorgen
und es beherrschten Dich böse Dämonen
und man fragt sich, was wird sein – morgen
verflucht seien all die leidvollen Depressionen

Ich wünschte, wir hätten miteinander telefoniert
und uns Mut zugesprochen
Wer weiß, nichts Unverhofftes wär passiert
und mein Herz wär nicht gebrochen

Du bist mein Alles, mein Ich
Wo Du nicht bist, kann ich nicht sein
Du bist so schön wie das ewige Licht
Nur für Dich schlägt mein Herz, nur für Dich allein

Es gibt Menschen, die halten mich für verrückt
Vielleicht bin ich es auch sogar
aber du bist nun mal mein größtes Glück
Ich wünschte, wir wären ein Ehepaar

Ich hab geträumt, wir hätten beide ein Kind
ein kleines Mädchen, so süß wie Du
Du und ich, wie glücklich wir dann sind
Wir beide sehen unserer Tochter beim Spielen zu

Ich merke es selbst, ich schweife ab
Du lächelst bestimmt bei diesen Zeilen
Es ist ja auch nur ein Traum, den ich hab
Laß mich ein wenig verweilen

Du hast in München gelebt
und ich lebe hier in Bremen
Ich hab Dich nicht mehr kennen gelernt, zu spät
Und doch liebe ich Dich, so heiß sind meine Tränen

Tränen versperren mir jetzt auch die Sicht
Ich seh das Briefpapier so nicht
Ich geb Dir noch einen kleinen Kuß
mit hinein in den Brief zum Verschluß

Ein Bote des Himmels wird Dir diesen Brief überbringen
Er kommt in meinem Auftrag zu Dir
Ich bin so aufgeregt und muß mit den Händen ringen
Das alles hab ich geschrieben aus lauter Liebe zu Dir

Leb wohl, meine Liebe
nun ruhe in deinem Grabe
Du mein Alles, mein Ich
Dein Bild, das ich immer bei mir habe
wird mich ewig erinnern an Dich

Oktober 2005

»Weihnachtliche Gedanken«

Ein Jahr ist nun fast vorüber
und es »weihnachtet« sehr
Ich weiß nicht, was ist mir lieber
seh nur fröhliche Gesichter, doch mein Herz wiegt schwer

Weihnachten und Neujahr stehen vor der Tür
Es brennt eine kleine Kerze, aufgestellt mit einem Bild
von Dir
Ich dekoriere es zu einem kleinen Altar
um zu gedenken, wie schön es mit Dir war

Es ist Sonntag und ich vernehme Glockengeläut
und ich geh in mich hinein
ein Blick zum Himmel, mich überfällt Traurigkeit
Irgendwo dort oben wird sie jetzt sein

Ich denke an die Orte, wo ich gewesen
Habe Dichter und Denker aufgesucht, alle belesen
doch nie war ich so oft an einem Ort
wo jenes Grab ich fand, im hohen Norden dort

Noch immer denke ich an Jennifers Stätte
wo ich mit gesenktem Haupte stand
Es gibt noch so viel, was ich ihr zu sagen hätte
und ich berührte den Grabstein
zärtlich mit meiner Hand

Doch wohin ich auch reise, egal welche Gegend
Du begleitest mich überall hin
Ich wirke manchmal so abwesend
weil ich in Gedanken bei Dir bin

Mag es draußen auch stürmen und wehen
In meinem Herzen ist selige Ruh
Meine Liebe zu Dir kann mir niemand nehmen
Mein erster und letzter Gedanke bist »Du«

Der Nachthimmel ist klar
und ich seh in das Universum hinein
und ich frage mich oft
»Welcher Stern könnte sie dort oben wohl sein?«
Ob sie mich von oben sehen kann
und wenn ja, gibt sie mir ein Zeichen,
jetzt oder irgendwann

Ich weiß ja nun von ihren Sorgen
die sie im Stillen mit sich trug
Einsamkeit, Kummer und Depressionen
verleideten ihr das Leben, nahmen ihr den Lebensmut

Niemand ist vollkommen auf dieser Welt
auch ich bin alles andere als ein Held
Gerade weil sie Sorgen hatte, weshalb ich sie begehr
Ich werde nicht den Stab über sie brechen
Ich liebe sie dafür umso mehr

Ach, hätte ich sie zu Lebzeiten näher gekannt
wie gern hätt ich mich zu ihr bekannt
wie gern wär ich ihr ein guter Freund gewesen
Was bleibt, sind meine Gedichte, die kaum gelesen

Wie gern hätt ich mich ihr mitgeteilt
gesprochen über Freud und Leid
wie gern hätt ich ihr meine Hilfe zugestanden
es sollte nicht sein, dass wir uns nicht fanden

»Ich weiß nicht, was soll es bedeuten
dass ich so traurig bin«
so schrieb es Heine zu seinen Zeiten
mir geht es ebenso, Du gehst mir nicht aus dem Sinn

Wie ein Dichter habe ich die Worte notiert
wenn ich an sie gedacht
Ich fühle mich immer inspiriert
zu jeder Stund, bei Tag und in der Nacht

Ich träumte eine süße Begebenheit
und ich glaubte, Du stündest vor mir
Endlich Du in meinen Armen, oh Glückseligkeit
Ich fühle es, ich kann nur glücklich sein mit Dir

Ich blicke auf Jennifers Bild, das da hängt an meiner Wand
und ich spür das Feuer, das sie in mir entflammt
Mein Herz schlägt aufgeregt, wenn ihr Name nur genannt
Es tut so weh, ich bin aus lauter Liebe so krank
Ich fürchte noch um meinen Verstand

Hier steh ich nun, und Gott ist mein Zeuge
Dein Bildnis wird mir zum Altar
vor dem ich mich zutiefst verbeuge
Jetzt und hier und immerdar

Es vergeht kein Tag, an dem ich nicht an Dich gedacht
Ich halte Dein Andenken in Ehren, hab Blumen an Dein
Grab gebracht
Du allein bist in meinem Herzen eingezogen
Das weiß auch der liebe Gott, der dort oben

Ich sehe es deutlich in meiner Phantasie
Ich höre himmlische Musik, das Schlussadagio aus
Mahlers Dritter Sinfonie
und ich schließe meine Augen, um Dir nah zu sein
Mit dieser Musik gleitest Du in den Himmel der Ewig-
keit hinein

Du begleitest mich auf all Deinen Wegen
und ich habe nie das Gefühl, allein zu sein
Ich teile mit Dir mein Leben
Dich umarme und küsse ich, doch das bleibt geheim

Ach, Dein Tod geht mir so zu Herzen,
dass ich weinen könnt zu jeder Stund
Dir zuliebe zünde ich an alle Kerzen
und ich küsse Dein Foto zärtlich auf den Mund

Als Weihnachtsgeschenk werd ich Dir was geben,
was man nur einmal verschenken kann
Ich brauche nicht lang zu überlegen
Dein ist mein ganzes Herz, ein Leben lang

Weihnacht ist, und mich quält die Einsamkeit
Es ist, als ging jemand über mein Grab
Ein dumpfes Gefühl beschleicht mich in dieser Zeit
Trübe Ahnungen beklemmen mich, ob der Tod mir naht

Hinfort ihr leidvollen Gedanken
Hinfort in eure Schranken
Es ist winterlich und weihnachtet sehr
Du bist in meinem Herzen, was will ich denn noch mehr
und Kinderaugen leuchten am Tannenbaum
und lassen sich halt beschenken
Ach, es bleibt für mich doch nur ein Traum
Ich werde auch heute Dir gedenken
Wenn ich auch bin allein
Ich bin froh im Herzen
Dein Bild im Kerzenschein
und will dem lieben Gott dafür dankbar sein.

November 2005

»ALL MEINE TRÄUME HEISSEN »JENNIFER««

Prolog
Ich seh, wie ein Blatt langsam vom Baume fällt
und der Wind es weiterträgt
Wie ein Blatt ist »Sie« gefallen, gefallen aus meiner Welt
Ein Leben ist ausgelöscht, ein neues entsteht

Früh am Morgen sehe ich den Wolken nach
während ich kränkelnd liege in meinem Gemach
Ich habe Zeit, nun Verse zu schreiben
um meine Gedanken festzuhalten, die da für Euch bleiben

Nun ist es schon eine Weile her
damals als »Sie" von uns ging
es ist, als wenn das Unglück gestern erst geschehen wär
und der Schrecken kein Ende nimmt

Mit Musik versuche ich mich abzulenken
und muß doch an »Jennifer" denken
Merkwürdig, ich sehe sie deutlich vor mir
Ich spüre ihr Wesen, sie ist mir so nah, sie ist hier

Ich meine, ihr Wesen ist sogar musikalisch vertont
Kennt Ihr das Adagio aus Rachmanninows Zweiter
Sinfonie
Es ist eine elegische Musik, die in meinem Herzen inne-
wohnt
Ja, es ist »Jennifer", in vollendeter Harmonie, eben meine
Lieblingsmelodie

Ja, »Sie" ist wie eine Sinfonie voller Harmonie
dass, wenn diese Musik erklingt,
diese mich zum Weinen bringt
»Jenny" ist so bezaubernd und voller Sympathie
Ich bin ja so verliebt in »Sie", wie noch nie

Nun sehe ich gerade auf ihr Portrait
und ich spüre, wie es in meinem Herzen brennt
»Du bist meine kleine süße Fee"
Was sie jetzt wohl von mir denkt?

Alles was ich denke und empfinde
dreht sich nur noch um die »Eine"
Ich werde fast zu einem Kinde
»Sie" allein läßt mein Herz höher schlagen und sonst keine

»Sie" ist der Grund, weshalb ich lange Reisen unternehme
vom Süden bis hinauf in den Norden
»Sie« ist der Grund, warum ich an ihrem Grabe stehe
um mich ihr zu erklären, über Liebe, Kummer und Sorgen

Denk ich über meine »Liebste« nach
so bin ich um den Schlaf gebracht
So viele Tränen hab ich um Dich geweint
Nur in meinen Träumen sind wir glücklich vereint

»Sie« ist nicht mehr da
und doch laß ich sie in meinen Träumen leben
es ist nicht mehr so, wie es einmal war
Ich beginne in meinen Träumen mit ihr zu reden

Allnächtlich im Traum seh ich Dein Angesicht
und ich höre, wie Du leise zu mir sprichst
Wie süß Deine Worte klingen »Ich liebe Dich«
wie schön zu wisssen, »Sie« denkt an mich.

»Sie« ist der Grund, weshalb ich nicht schlafen kann
dass ich mich wende hin und her
dass ich ihren Namen rufe in der Nacht, irgendwann
All meine Träume heißen »Jennifer«

In meinen Träumen bin ich der Held
und kämpfe für Dich sogar gegen böse Drachen
Ich bin der, der zu Dir hält
Doch der Traum endet, und schlimm ist das Erwachen

Im Traum ging ich durch die Münchener Stadt
und es fiel ein warmer Regen
Dich in meinen Armen, Dir zu sagen, wie lieb ich Dich hab
Ich möchte barfuß mit Dir durch den Regen gehen

So schön können Träume sein
doch das Unglück holt mich ein
und während ich dies hier schreibe
sehe ich auf Dein Foto und weine

Ich sehe es deutlich in meinen Gedanken
und ich sehe in ihr geängstigtes Gesicht
In großer Höhe, sie fängt an zu schwanken
»Oh Jennifer, bitte tue es nicht«

Es schnürt mir die Kehle zu
Ich könnte weinen wie ein Kind
Der Sturz vom Dach des Hauses, es läßt mir keine Ruh
Ausgelöscht ist ihr Leben wie eine Kerze im Wind

Das Bild, das ihren Leichnam zeigt
wo sie gefallen auf den Bürgersteig
In meinem Traum heb ich ihren Körper
und drück sie liebevoll an mich
Wie fern Du jetzt auch bist: »Ich liebe Dich«

Ja, ich möchte mich an Dich schmiegen
und Deinen Körper zärtlich umarmen
Ich werde auch im Tode Dich weiter lieben
Gott ist mein Zeuge, hilf ihr im Himmel »Erbarmen«

Das alles geht in meinem Kopf herum
und ich denke nach über das Leben, über den Sinn
alles bricht über mich herein, doch ich bleibe stumm
das ist auch der Grund, warum ich so oft in Gedanken bin

Der Abend dämmert im Mondenlicht
Dein Foto, was ich mag so leiden
Ich bin der, der mit Deinem Bildnis spricht
Du hörst mir zu, lächelst und bist am schweigen

Ich seh den Wolken nach
und bin in Gedanken wieder bei Dir
Ich suche Dich dort »oben«, und ach
Ich fühle es, Du bist ja in meinem Herzen bei mir

Hier liege ich nun und fühle mich krank
es geht mir nicht gut, ich seh aus dem Fenster in die Ferne
Ich schreib noch dieses Gedicht, ist es mein Schwanen-
gesang?
Ich bin müde, möchte schlafen, als ob ich sterbe

Es ist spät und ich sehe in das Abendrot
und in der Ferne eine Nachtigall singt
Nichts kann er uns anhaben, der Tod
Denn wir werden auferstehn
und ein neuer Tag beginnt

November 2005

»NACHTGEDANKEN«

Prolog
In mancher Nacht, wenn ich nicht schlafen kann
greif ich zur Feder und entzünde Kerzenlichter
dann schreibe ich Verse bis der Morgen kommt, irgendwann
Nur Dir zuliebe bin ich ja nunmal Dein Dichter

Des Abends betret ich mein Zimmer
und freu mich auf Dein Gesicht
Dein Foto erhellt diesen Raum für immer
Du gibst mir so viel Ruhe, Wärme und Licht

Musik, symphonische Musik erklingt
wie wundervoll alles spielt und singt
an der schönsten Musikstelle dieser Symphonie
kuschel ich mich in meine Ecke und denke an »Sie«.

Da liege ich nun und hör gute Musik
Ich seh auf Dein Bild, Dein süßer Blick
Mir geht es gut, bin nicht betrübt
Ich hab mich in Dein Foto verliebt

Des Abends lasse ich mich so gerne von Deinem Foto verführen
und möchte küssen Deinen kleinen Mund
Ich möchte Deine Lippen spüren
Es sieht ja niemand in der Dämmerung

Was wär, wenn wir uns persönlich gesehen
Du, eine Schauspielerin von hohem Niveau
Ich, der kleine Angestellte aus Bremen
Nur ein Lächeln von Dir, das wünsche ich mir
wie selig ich bin und wie froh

Als Kind habe ich »Schneewittchen« geliebt
Im Theater, sie war so wunderschön
Ich hätte nie geglaubt, dass es sie wirklich gibt
Als Schauspielerin in München, sie war lieblich anzusehn

Das Märchen meiner Liebe wurde wahr
Sie lebte in München, sie war also da
Doch im wirklichen Leben ging das Märchen tragisch aus
Es gab keinen Prinzen, um sie wach zu küssen als sie tot
lag vor ihrem Haus

Immer, immer wieder seh ich sie dort liegen
Wie die Zwerge im Märchen, ich meine die sieben
wein ich um meine kleine Märchenfee
Es war einmal ..., es tut so weh

Da lebte eine wundervolle Frau, eine Schauspielerin
Sie war erfolgreich, aber das Leben wurde ihr zur Qual
»Ich weiß nicht, zu wem ich gehöre, wer ich bin«
das waren ihre Worte, ... es war einmal.

Gewiß, wär sie heute noch am Leben
Mehr als Freundschaft hätt es wohl nicht gegeben
Und doch, ich hätt ihr meine Liebe offenbart
An Gedichten und lieben Worten hätt ich nicht gespart

Dieses Denken und all die Sorgen
Ich fühle mich wie auf einem sinkenden Boot
mein Haar ist schon licht und grau geworden
Ich glaube, ich bin schon lange tot

Da fällt mir ein
es war mitten in der Nacht
Ich hatte das Gefühl, nicht allein zu sein
Irgend etwas hielt mich wach

Jennifers Bild auf meinem Nachttisch stand
Ihr Lächeln ist so süß und so charmant
Sie sah mich so durchdringend an
als ob sie meine Gedanken lesen kann

»In meinen Träumen kuschel ich mit Dir«
Ich sprach zum Bild und gestand es ihr
Ich glaubte zu spüren eine unsichtbare Macht
Ich fühlte ihre Gegenwart, nah bei mir, in dieser Nacht

Ich glaubte zu hören meinen Namen
eine Stimme, die da herb und markant
War es Jennifer, ich vermag es nicht zu sagen
Ich spürte einen Hauch, der mich berührte von unsicht-
barer Hand

Ich habe diesen Hauch schon einmal gespürt
damals an ihrem Grab, als der Wind durchs Haar mir ging
Nun weiß ich, »Du« hast mich zärtlich berührt
Deine Seele, ich hör Dich sprechen
als wenn ein Engel mir eine Botschaft bringt

Ja, in jener Nacht war sie mir so nah
und als ich aufstand und aus dem Fenster sah
stöberte der Schnee mit mächtigen Flocken durch die
Straßen
Ihr Grab ist wohl jetzt auch mit Schnee bedeckt
In dieser Kälte, ach wenn ich sie doch bei mir hätt

Doch in den nächsten Tagen
werde ich wieder zu ihr ans Grab fahren
eine »Winterreise« soll es werden
das eisige Grab, es ist mein Wallfahrtsort auf Erden

Dann werden fließen meine heissen Tränen
die sich so nach Dir sehnen
In meinem nächsten Gedicht will ich davon erzählen
So hab ich es vor, so wird es geschrieben

In dieser Nacht bin ich mit meinen Gedanken allein
Dein Bild, die Musik, alles berührt mich so ungemein
Ich gebe Dir zärtlich noch einen Kuß
und kuschel mich in meine Ecke
träume und weine über meinen größten Verlust
und versuche nun endlich zu ruhn unter meiner Decke.

Dezember 2005

»Winterreise«

Der Tag der Reise ist erst morgen
doch heute will ich noch die Blumen besorgen
Ein winterliches Gesteck soll es sein
Für meine »Liebste« aller mein

Und einen Gruß auf der Karte füge ich hinzu
»Im stillen Gedenken an Dich«
Es gibt für mich nur eine Liebe, und das bist »Du«
Denn Dich vergessen, das kann ich nicht

Heute ist der Tag, und ich sitze in der Bahn
Kalt ist es geworden, wie mag es am Grabe sein
Doch ich denke an Dich und halte mich warm
Ich nehm die Kälte in Kauf und denke nicht ans warme
Heim

Bäume, Büsche und Häuser fliegen vorbei
und ich spür, wie aufgeregt ich bin
Die Landschaft ist mir fast einerlei
Du gehst mir nicht aus dem Sinn

Mein Blick fällt auf das Blumengesteck
eine Karte mit deinem Bild hefte ich daran
Blumen, Karte und Bild, alles erfüllt seinen Zweck
damit es ein jeder auch sehen kann

Ja, alle sollen es sehen und erahnen
Ich ehre eine große Künstlerin
Seht hin, lest ihren Namen
Nun wißt Ihr auch, warum ich so traurig bin

Und während der Fahrt schreibe ich dieses Gedicht
und werde es »Winterreise« nennen
Und die Mitreisenden wundern sich
warum ich weine, da sie den Grund nicht kennen

Ein kleines Mädchen sieht mich fragend an
und springt umher und fragt mich dann
für wen diese schönen Blumen sind
»Für einen Engel, der jetzt im Himmel ist, mein Kind«

Und sie sieht mich lächelnd an
und ich erkenn in ihrem kleinen Gesicht
daß das Leben auch schön sein kann
und sie gewinnt mir ein Lächeln ab in diesem Gedicht

Sankt Peter Ording war mir sonst nicht so bekannt
Ein Ort, umgeben von Meer und Sand
Ich fange an, es zu lieben, jenes Land
dort wo meine »Liebste« ihre Ruhe fand

Gegen Mittag erreiche ich die Endstation
und ein Taxi wartet schon
es soll mich bringen zu dem Ort
dem kleinen Friedhof im hohen Norden dort

Die kleine Kapelle ist mir wohl bekannt
wie oft bin ich schon hier lang gegangen
davor steht eine kleine Bank
nicht weit davon liegt ihr Grab, verdeckt hinter Tannen

Hier also liegt sie begraben
ein kleiner Stein mit ihrem Namen
Ich verneige mich vor ihrem Grab
Tränen fließen meine Wangen herab

Die Luft ist eisig und der Wind braust mir durchs Haar
Jennifer liebte den Sturm, jetzt bricht er los, wie sonderbar
Ich spüre den eisigen Wind im Gesicht
und lege meine Blumen ans Grab und denk an Dich

An ihrem Grab lese ich aus meinem Gedicht
als plötzlich ein Sonnenstrahl durch die Wolken bricht
Öffnet im Himmel ein Fenster sich?
Ein einmaliges Geschehen, seltsam, es berührte mich

Der Wind, die Wolken und das Licht
Diesen Moment, ich vergesse ihn nicht
Ich wußte, ich war allein
doch hatte ich das Gefühl, nicht allein zu sein

Leise sprach ich liebevolle Worte am Grab
daß sie mir so fehlt und wie lieb ich sie hab
Ich weiß, sie schläft in himmlischer Ruh
und doch fühle ich, »Sie hört mir zu«

Ach, ich habe in meinem Herzen einen wundersamen
Schmerz
wenn ich Deinen Grabstein vor mir sehe, bricht mir mein
Herz
Ich wünschte, alles wäre ungeschehen
Es bricht über mich herein, Tränen die sich nach Dir
sehnen

Hier liegt nun eine junge Frau begraben
Im besten Alter von 37 Jahren
Die Welt der Bühne ist so leer geworden ohne Dich
Die Tragödie ist zu Ende, der Vorhang schließt sich
Ich spüre die Kälte der Einsamkeit
und fühle mich wie Glasscherben auf einer Mauer
Zerbrochen bin ich, verfolgt vom ewigen Leid
Mein Gemüt, es wird düster und grauer

Du nur bist das Glück meines Lebens
das ich gesucht hab so vergebens
alles liegt vor mir in Scherben
Wie Blätter, die vom Baume fallen, die dahinsinken und
sterben

Es dunkelt schon, der Abend naht
Der Tag ist in die Nacht verliebt
Rote Kerzenlichter schmücken ihr Grab
Der Mond am Himmel seine Bahn zieht

Ihr Engel dort oben, behütet diesen Ort meiner Liebe
nehmt sie in Eure Mitte
und habet sie lieb wie ein Kind in der Wiege
denn heute Abend möchte ich für sie beten
Ihr meine Liebe gestehen
den Liebeskummer eines kleinen Poeten
Ach, könnte ich doch ihre Seele mit nach Hause nehmen

Es dunkelt, die Nacht bricht herein
Von oben herab fällt in dicken Flocken der Schnee
Rote Lichterkerzen behüten das Grab im Mondenschein
und kleine Elfen beweinen Dich, Du kleine Märchenfee

Nichts kann Dich mir wiederbringen
weil es der liebe Gott so will
Ich muß mit meinen Tränen ringen
Hier ruht sie nun und schläft, in Gottes Gnaden friedlich
und still

Der Tod, er hält Dich nicht gefangen
Nur das Sterben fällt uns schwer
Du bist nicht tot, Du bist uns nur ein Stück voraus gegangen
Ich weiß, ich werde Dich wiedersehen, ich hoffe es so sehr

Es fällt mir schwer
von Dir am Grab Abschied zu nehmen
Ich liebe Dich eben so sehr
Ich reib mir die Augen, ein Meer von Tränen

Ich komme wieder, ich versprech es Dir
und schreibe Liebesgedichte, um Dir zu gedenken
All meine Liebe strömt aus meinem Herzen auf's Papier
um Dir für immer meine Sehnsüchte zu schenken

Jennifer, die Zeit drängt, ich muß gehen
noch einmal ordne ich Dein Grab
Der Zug, er wartet schon nach Bremen
Schlaf ruhig, mein Mädchen,
Du weißt ja, wie lieb ich dich hab

Im Zug nach Bremen arbeite ich wieder an diesem Gedicht
und seh einen Fahrgast an meiner Seite nicht
Dieser sieht Jennifers Portrait und betrachtet es genau
sein Kommentar: »Was für eine bildhübsche Frau«

Ja, das ist sie, bildhübsch mit einem Engelsgesicht
Ich liebe sie, so empfinde nunmal ich
zurück bleibt in Sankt Peter Ording das Grab
doch im Geiste begleitest Du mich
weil ich Dich in meinem Herzen hab

Nun bald läuft der Zug in Bremen ein
und ich geniesse die letzten Stunden meiner Winterreise
Ich bin mit meinen Gedanken allein
und spreche mit ihrem Portrait ganz leise

Zwei junge Mädchen sitzen mir gegenüber
und reden und schnattern über ihr junges Glück
Ich lächel still zu ihnen herüber
Sie kichern über mein Selbstgespräch
und halten mich für verrückt

Ja, ich bin verrückt, verrückt auf meine Art
Ich bin müde und freu mich auf daheim
Ich streichel zärtlich Dein Bild, auf dieser Fahrt
Denn in Gedanken läßt Du mich nie allein

Und ich sehe in den Nachthimmel zu den Sternen
die so weit, und sich noch weiter entfernen
Es ist, als wenn ein Licht die Erde verläßt
und man ganz allein im Dunkeln ist

Gedichte habe ich geschrieben, an der Zahl viele
Von Sehnsüchten und Tränen meiner Liebesnot
Ich weiß, ich kann Dich nicht mehr lieben, meine Liebe
Denn nach dem Leben kommt der Tod

Heut Nacht werd ich von Dir träumen
und werde glücklich sein mit Dir
keine Sekunde möchte ich säumen
Ich schließe meine Augen und seh Dich doch deutlich vor
mir

Alles sah ich nochmal in meinem Traum
Die Blumen, das Grab, Dein liebes Gesicht
Der Schnee, der alles abdeckt wie Schaum
Das kleine Mädchen, was mit mir spricht
die Elfen, die da weinen
am Grab das rote Licht
die Wolken, die sich öffnen
Die Sonne, die da durchbricht
Das alles erinnert mich so sehr an Dich
Nur Du, Du Eine
begleitest mich auf meine Dir gewidmete »Winterreise«

Dezember 2005

»Lyrische Selbstgespräche«

Prolog
Dichter und Denker hat es gegeben viele
und auch ich sitze hier und schreibe Dir ein Gedicht
Es vergeht kein Tag, wo ich Dir gestehe meine Liebe
und schuld daran ist Dein liebes Gesicht

Die Luft ist kalt und doch so mild
und ich hör beim Treten knirschend den Schnee
Gedanken gehen mir durch den Kopf
Das Bild ihres Portraits, was ich im Geiste seh

Ja, sie begleitet mich auf all meinen Wegen
Ich habe nie das Gefühl allein zu sein
Und wenn ich mich unbeobachtet fühle
dann rede ich mit ihr insgeheim

Auch trag ich ein Bild von ihr an meiner Brust
damit immer ich sie sehen kann
und wenn man mich danach fragen wird
so sage ich: Das ist mein Mädchen, die da mein Herz gewann

Im Geiste tausche ich so gerne Gedanken mit Dir aus
und ich weiß, »Du« hörst mir zu
Es ist so schön, Dich zu lieben
Ich fühle Wärme in meinem Herz und der Grund bist »Du«

In meinen Träumen geh ich mit Dir spazieren
und Du zeigst mir Deine Welt
ich nehm Dich zärtlich in den Arm
und mach dumme Streiche, weil es Dir so gefällt

Ich finde Dich so wunderschön
wie eine rote Rose im weißen Schnee
Ich möchte Dich so gerne küssen
Meine Träume sind mehr als Poesie

Würde ich in Sankt Peter Ording wohnen
so wär ich jeden Tag an Deinem Grab
kein Ort ist mir wichtiger als dieser
um Dir nah zu sein, weil ich Dich so lieb hab

Würde ich in München wohnen
so ging ich jeden Tag an Deinem Haus vorbei
Hier hast Du gelebt und gewohnt
Ich könnte weinen wie ein Kind, bitte verzeih

In Deinem Briefkasten werd ich Dir ein Liebesgedicht
hinterlegen
obwohl ich weiß, Du bist nicht mehr da
die Anwohner mögen sich wundern
ich tue es aus Liebe, ich bin ein verliebter Narr

Die schönsten Gedichte möchte ich Dir widmen
die voller Liebe und Poesie
denn Dir schreibe ich am liebsten
»An Frau Nitsch«, auch liebevoll genannt »Jenny«

Plötzlich und unerwartet bricht es aus mir heraus
dann schreibe ich Verse und all die Geschichten
denn sie bleibt für mich unvergessen
weil sie lebt in meinen Gedichten

Ihr Wesen, ihre Augen, ihr Blick
selbst ihre Stimme, wenn sie zu uns spricht
das alles berührt mich so tief in meinem Herzen
Ich bin ja so verliebt, seh ich ihr süßes Gesicht

Du und ich
Wir sind schon ein merkwürdiges Paar
Du bist ein Engel im Himmel
und ich auf Erden schreib Gedichte, das ganze Jahr

In ihren Filmen erwacht sie zu neuem Leben
Doch in Wirklichkeit schläft sie ihren tiefen Schlummer
Nie wird sie mehr wiederkommen
Oh, Herrgott im Himmel, was für ein Kummer

Nun geh ich allein auf Deinen Wegen
und ich fühle die Leere in meiner Einsamkeit
Wehmut beschleicht mein Herz
eine Träne, die mir ins Auge steigt

Von Zeit zu Zeit schreibe ich ihrem Vater
dann, wenn ich besuche ihr Grab
Ich teile mit ihm meinen Kummer
Oh, wenn er wüßte, wie lieb ich seine Tochter hab

Man sieht sich immer zweimal im Leben
wie man so schön sagt
Doch freue ich mich bald auf den Himmel
dann wird unser Kennenlernen eben auf Morgen vertagt

Und ständest Du mir dann gegenüber
mir würde die Sprache verschlagen
Ich käme ins Stottern und ins Grübeln
dabei wollte ich Dir noch so vieles sagen

In meinem Kopfe höre ich zuweilen schöne Symphonien
die Dein Spiegelbild mir widergeben
Dann spür ich Dein Herz in meiner Brust
Nun weiß ich, Du bist in mir am Leben

Gibt es ein Leben nach dem Tod?
Der Verstand sagt nein, doch das Herz sagt ja
Ich möchte so gerne daran glauben
bin ich nun doch ein Narr?

Ach, hätt ich zu Lebzeiten sie doch nur angeschrieben
Ja, ich bin ein Narr, wie er im Buche steht
Ich habe mich nicht getraut, ihr meine Liebe zu gestehn
Heute würde ich es tun, doch sie ist fort, fort wie vom
Winde verweht

Vom Baume fallen sie herab
Die Blätter, wie tot seh ich sie dort liegen
doch ein neuer Frühling wird kommen
und man wird sich neu verlieben

Schwäne ziehen auf dem Wasser ihre Bahnen
und ich wünschte, ich wär einer von ihnen
Ich bin ein verzauberter Schwan
und möchte meiner Märchenfee die Himmelskutsche ziehen

Ja, ich nenn Dich meine kleine Märchenfee
weil Du mich so verzaubert hast
Dein Bildnis in meinem Zimmer steht
Sei willkommen, mein Engel, mein himmlischer Gast

Ein neues Bild habe ich von Dir
und meine Freude ist so groß wie bei einem Kinde
es bekommt einen Ehrenplatz in meinem Zimmer
Nun weißt Du auch, was ich für Dich empfinde

In meinen vier Wänden bist Du nun zu Haus
und ich seh in Dein Angesicht, doch ich weine
Ich drück Dein Bild fest an meine Brust
Spürst Du denn nicht, wie ich leide

Was bekümmert Dich so, mein Engel
auf Deinem neuen Bild schaust Du so nachdenklich drein
Was quält Dich so sehr im Herzen
Ich möchte Dich so gern trösten, Du Geliebte mein

Du hast heimlich süße Tränen geweint
Ich seh es in Deinen Augen ganz genau
komm, lehn Deinen Kopf an meine Schulter
Mein Gott, wie liebe ich diese Frau
Warum hat gerade »Der dort oben« Dich auserwählt
Dass Du nun ruhen mußt in Deinem Grabe

Hat er denn dabei nicht an mich gedacht
bis ins Herz ist der Dolch gedrungen,
den Schmerz den ich verspürt habe

Die Wunde, sie brennt, sie brennt
wie glühendes Eisen inmitten meines Herzens
Du Heiland am Kreuz dort oben
Siehst Du denn nicht, daß ich verbrenne in meinen
Schmerzen

Mit gesenktem Kopf und Tränen in den Augen
doch die kann man nicht seh'n
drückt mich die Trauer zu Boden
Hilf mir Gott im Himmel, wieder aufrecht zu gehn

An ihrem nächsten Todestag in diesem Jahr
werde ich mit einem Aufruf ihr gedenken
in einer großen Zeitung soll man es lesen
Was sie mir bedeutet, all meine Liebe ihr zu schenken

Menschen finden die Liebe ihres Lebens
und auch ich habe die meinige gefunden
doch sie ist nicht real, ich liebe vergebens
als Photo ist meine »Liebste« in ihrem Bildrahmen gebun-
den

Jeden Tag rede ich mit ihrem Portrait
und ich weiß, sie hört mir zu
Ich bin nunmal nur ein kleiner Dichter
Aber groß ist mein Herz, und der Empfänger bist »Du«

Ich denke nicht mit dem Kopf
sondern nur mit dem Herzen
denn meinen Verstand, den habe ich nicht mehr
und die Gründe sind »Du« und meine Wehmutsschmerzen

Es ist mir egal, daß die Menschen mich belächeln
weil ich eine Frau liebe, die da im Himmel ist
Meine Liebe möchte ich mit niemandem teilen
weil »Du« für mich die Erfüllung meines Lebens bist

In meinem Herzen spür ich Deine Wärme
weil ich an Dich denke und Dich so begehre
wenn ich es auch heute noch nicht verstehe
Ich weiß, ich wird Dich wiedersehen
wenn ich von dieser Welt einmal gehe
Und wir gemeinsam in den Wolken schweben
dann weiß ich, jetzt beginnt unser gemeinsames Leben
Ja, da schwebt er dahin, dieser Narr
Aber ich werde glücklich sein
weil ich weiß, »Du bist da«
          »Du bist da«

Januar 2006

»Nichts als ein Dichter«

Prolog
Ich hab mich dran gewöhnt allein zu sein
Die Mutter ist tot, der Vater im Heim
Ich weiß nicht, wie lang ich ihn noch habe
Wie kurz ist doch der Weg, von der Wiege bis zum Grabe

Damals, als Du gegangen vor zwei Jahren
zerriß mir vor Kummer mein Herz
Ich wünschte, ich wär an Deiner Stelle begraben
Du bist nun am schlafen, ich aber lebe und fühle den
Schmerz

Und wenn man mich zu Grabe trägt
dann bin ich tot und doch lebe ich
einkleiden soll man mich von früh bis spät
da ich möchte schön sein für Dich

Du bist so schön, daß ich ins Schwärmen gerate
Du bist mehr, als ich es in Worten ausdrücken kann
Ich möchte Dich in schönen Gedichten kleiden, bitte warte
weil ich Dich so unsagbar lieb gewann

Gibt es denn einen ungerechten Gott in dieser Welt
dass er mich so verzweifeln läßt und er es nicht sieht
»Du Gott« hast so viele Engel dort oben im Himmelszelt
warum nahmst Du mir den »Einen«, den ich doch so lieb

Warum nimmst »Du Gott« mir die Luft zum Atmen
warum schnürt es mir die Kehle zu
Die Frau, die ich so liebe, oh Gott erbarmen
Ich bin innerlich zerbrochen, daß ich nicht komm zur Ruh

Der Tod, er ist mein ständiger Begleiter
das weiß ich schon ganz gewiß
aber es tröstet mich zu wissen
das »Du« auch im Himmel bist

In meinen Träumen seh ich Dich in der Kapelle liegen
Ich weine, da Du auch im Tode so schön bist
Ich werde für Dich weiterleben und Dich lieben
Wie gern hätt ich Dich am Sarge zum Abschied geküsst

Es gibt Momente, da wird es still um mich
und ich möchte in Gedanken verweilen
dann denke ich besonders stark an Dich
um Dir nah zu sein und Dich zu beweinen

Was für eine Sonnenpracht, seht, das Leben geht weiter
Ein neuer Frühling bricht ins neue Jahr hinein
doch in der Nacht ist der Mond mein stiller Begleiter
denn er tröstet mich und läßt mich nicht mit der Schwer-
mut allein

Des Abends ich allein ins Universum seh
dann grüße ich Dich »Du alter Mond«
Du gleitest über den Wolken in späh
sei so gut und grüß mir meine Liebe, die dort oben jetzt
wohnt

Bricht dann die Nacht herein
suche ich meine Liebste dort oben bei den Sternenlichtern
Mir fallen dann schöne Worte ein
Ich bin nun mal eben Dein Poet, Dein Dichter

Jene Nacht gehört uns beiden dann ganz allein
keine Stunde möchte ich mit Dir säumen
Ich gebe Deinem Portrait einen Kuß, insgeheim
Ich werde jede Nacht von Dir träumen

Liebe und Erfolg hat immer was mit Zwang zu tun
wird man enttäuscht, so beginnt das große Weinen
Schnell verblaßt auch der Ruhm
denn »Lieben« heißt auch oft »Leiden«

Woher ich das habe werdet Ihr fragen
Es sind »Jennys« Worte, hört man sagen
Sie hatte den Mut, sich das einzugestehn
Verdammt sind wir, die allein durchs Leben gehen

Sah Goethes Knab ein Röslein stehen und wollte es brechen
Ich wollt es ihm nicht geraten
Ich würde ihn ergreifen und mich fürchterlich rächen
Denn »Du« bist für mich die schönste Blume in meinem
Garten

Wohin soll ich meine Gedanken lenken
Ich kann schweigen ohne zu denken
Doch sprech ich meine Gedanken aus
So kommt nur Dein Name dabei heraus

»Jenny«, Dein Name steht auf dem kleinen Stein
umrankt von duftigen Blumen und bewacht von unsicht-
baren Engelein
und ich tränke die Rosen und Lilien mit meinen Tränen
Ich weine um Dich, Wehmut – sie wird nie vergehen

Bald wird man auch mich wegkarren
und mich irgendwann, irgendwo verscharren
Dabei wär ich so gern in Deiner Näh um zu ruhn
Mit Dir vereint, ob das die Totengräber für mich tun?

Und man wird sagen, hier ruht eine große Künstlerin
und nicht weit davon ruht ihr Dichter
so groß war seine Liebe zu ihr
»Ich will Dir so nah sein wie möglich« so spricht er

Düster sind meine Gedanken
denn finstere Dämonen beherrschen mich
Sie greifen nach mir mit ihren wilden Pranken
Die Angst steht mir im Gesicht

Oh, ihr Dämonen, laßt mich ziehen
Der Heiland im Himmel wird entscheiden, wo ich warten muß
Niemand kann seinem Schicksal entfliehen
Ach, wie sehn ich mich nach Geborgenheit und ihrem
süßen Kuß

Ach könnte ich die Zeit drehen
und alles wird neu beginnen
Ich würde mit Dir lachend durch den Regen gehen
und Engel werden freudig dazu singen

An einem warmen Sommerabend besuche ich Dein Grab
da ich in Dich so verliebt
Ich trage Dir Gedichte vor, weil ich es so mag
Und die Nachtigall singt dazu ihr Lied

Da plötzlich ein Gewitter sich entlädt
und der Sturm entfacht seine Wut, dass die Erde bebt
und die Engel ihre Tränen weinen, die man für Regen hält
und ich denk für mich, was für eine eindrucksvolle Welt

Welche Kraft wird hier entfacht
dass die Nacht vom Blitz zum Tag erwacht
Oh Jennifer, ich spüre, daß »Du« es bist
»Du« bist der Sturm, der am wüten ist

　　»Wenn ich Wind wär,
　　ich wär den ganzen Tag Sturm«

Ich erinnere mich an Deine Worte
und ich präge mir Deine Botschaft ein
Ich habe es deutlich gesehen, da öffnet sich eine Himmels-
pforte
denn nach Deinem Sturm folgt Dein Lächeln im Regen-
bogenschein

Der Regenbogen erglänzt in all seiner schönen Farbenpracht
Mit Tränen in den Augen weiß ich Dich dort oben
Du hast auf Dich nur aufmerksam gemacht
Ich weiß, ich werde Dich wiedersehen am Ende des
Regenbogen

Der Wind, das Brechen der Wellen, der Gesang der Möven
Ich schließe meine Augen und schmecke den Hauch des
Meeres
Ich weine um Dich und kann mich garnicht von Dir lösen
Ich möchte gtröstet werden, ich wünschte Du wärst es

Oh Du Engel meiner Wehmut
Du, der das Leben beweint, aber es doch liebt
Die Wunde, sie brennt immer noch in mir wie Glut
Gib mir die Hoffnung, fest daran zu glauben, daß es
Dich noch gibt

Die »Anderen«, laßt sie doch reden
Für mich bist Du immer noch auf Erden da
Sie können Dich eben halt nicht sehen
Ich aber spür Deine Gegenwart, weil Du mir im Herzen
bist so nah

Gedanken die mich besuchen, sie kommen und gehen
so wie dort oben am Firmament die Sternenlichter
Nur einer läßt Dich in Gedichten weiter leben
Das bin nun mal ich, nichts mehr als ein Dichter

Traurig klingen meine Lieder
und doch schreibe ich sie nieder
Ich spüre mein Blut, wie es durch die Adern fließt
Dein himmlischer Geist sich meinem Herzen erschließt
Ich spüre eine unsichtbare Kraft, die mich umgibt
Ich habe mich unsterblich in einen Engel verliebt
und ich dokumentiere es in diesem Gedicht
»Du« bist mein schönstes Poem, ich liebe Dich
                                Ich liebe Dich

Januar 2006

»Szenen von Träumereien«

Prolog
In meinen Träumen laß ich Dich leben
und ich durchwache meinen Schlaf
Nichts soll mir entgehen
Szenen, die nur ich sehen darf

Mir träumte, wir wären ein Liebespaar
Es war Liebe auf den ersten Blick
Mein Herz schlug so aufgeregt, als ich Dich sah
Du bist mein größtes Glück

Mir träumte, Du hättest mich im Schlaf geküßt
denn ich schmecke Deinen süßen Mund
Ich wußte gleich, daß »Du« es bist
Es hat mir so gut getan, na und?

Ach ich darf es gar nicht beschreiben
wie lieb wir miteinander kuscheln
Ich könnte vor Glücksgefühl sogar weinen
wenn wir miteinander busseln

Aber auch Wehmut beschleicht im Traum mein Herz
weil ich weiß, sie lebt in einer anderen Welt
Tränen die da fließen, zu groß ist der Schmerz
Weiß Gott, ich bin ein trauriger Held

Doch in manchen Träumen tret ich als Filmstar hervor
Ich schütze Dich vor bösen Halunken
Ich kämpfe für Dich wie ein Matador
Es fliegen die Fetzen, es sprühen die Funken

Doch am Schluß siegt die Liebe
und Du liegst hingebungsvoll in meinen Armen
Dich zu erobern mach ich mir zum Ziele
und ich küsse Dich zärtlich und spreche leise Deinen Namen

Mir träumte, wir würden uns unerwartet begegnen
als Du schreitest aus Deinem Haus
Ich wollte Dich so gerne in meine Arme nehmen
Doch Du eilst davon in Saus und Braus

Mir träumte von dem Treppenhaus, das zu Deiner
Wohnung führt
und ich bin die Treppe hinauf gestiegen
Ich habe Deinen Geist im Haus wohl gespürt
Kein Weg ist mir zu weit, um Dich zu lieben

Ich berührte den Griff Deiner Tür
die Kehle, sie war mir wie zugeschnürt
Ich hörte Schritte, man öffnete mir
Ich war so aufgeregt und so gerührt

Endlich stand sie mir gegenüber
und ich nahm sie zärtlich in meinen Arm
Nichts wünschte ich mir lieber
als ihre Lippen zu küssen, die so rot und so warm

Mir träumte, wir hatten einen kleinen Streit
und Du hattest mich strafend angesehn
unpünktlich bin ich gewesen, es tat mir so leid
es war mir wirklich unangenehm

Da ich kam zu spät, böse bist Du gewesen
und das lässt Du mich spüren sehr
aber so ist es nun mal Dein Wesen
Ich liebe Dich aber dennoch um so mehr

Mir träumte, wir saßen in Deinem kleinen Wagen
und Du warst am »Parkplatz suchen«
Ich wagte nichts zu sagen
mein Gott, konntest Du fluchen

Mir träumte, wir würden spazieren gehen
und es goss aus vollen Kübeln
Es war Deine Idee, barfuß durch den Regen
Du warst am lachen, ich am grübeln

Oh Dein Lachen, ich habe es wohl gehört
Du führtest irgend etwas im Schilde
hast mich an der Nase rumgeführt
Lange hat es gedauert, bis ich war »im Bilde«

Mir träumte, wir schlenderten durch den Englischen Garten
und spielende Kinder kamen uns entgegen
Dein Blick hat Dich sofort verraten
Wir sahen uns an und wurden beide verlegen

Mir träumte von unserem ersten Kuß
als sich unsere Blicke trafen
mir wurde so warm ums Herz, ein süßer Genuß
Ich habe Dich zärtlich berührt, als Du eingeschlafen

Was kann es schöneres geben
als von Dir geliebt zu werden
Mit Dir zusammen lieben und leben
Es ist das schönste Glücksgefühl auf Erden

Mir träumte von einer Blumenwiese
und die eine Blume, die ich fand
denn keine war so schön wie »Diese«
»Jennifer« hab ich sie genannt.

Ja, Du bist wie eine Blume, so wunderschön
an Deinem Grab hab ich sie niedergelegt
Ich konnte es im Traum deutlich sehn
Sie begleitet Dich auf Deinem langen Weg

Mir träumte, ich würde stumm am Fenster stehen
und halte Ausschau nach der »Einen«
mein Herz ist am verbluten, sie wird mir fehlen
Es sieht ja niemand, wie ich bin am weinen

Mir träumte, Du lägst tot in meinen Armen
und ich wünschte, wir wären im Tode vereint
Dass wir uns endlich gefunden haben
Ich hab vor Kummer in mein Kissen geweint

Du hast mir im Traum gesagt, ich wär wie ein Kind
Ich habe das Gefühl, ich könnte morgen schon sterben
Halt mich fest, ich bin von Angstzuständen umringt
Wo wird das alles enden, was soll aus mir werden

Nur die Träume, die ich mit Dir erlebe
Die Inspiration, die Du mir gegeben
in Gedichten Dich zu lieben, besonders Deine Seele
das gibt mir die Kraft, für Dich weiter zu leben

Hier sitz ich nun und schreibe meine Träume nieder
Sternenklar ist die Nacht, wie ich sie liebe
In Gedanken durchlebe ich all die »Szenen« wieder
Ich spür mehr und mehr Deine Seele, so stark sind meine
Gefühle

Ich möchte mit Dir lachen, träumen und weinen
Denn »Der dort oben« hat es so bestimmt
Selbst in meinen Gedichten muß ich leiden
so lange bis der Tod mir die Feder aus meiner Hand
nimmt

Februar 2006

»Romantische Begebenheiten
Ein Sommernachtstraum«

Prolog
Ich möchte glauben an einen Gott,
der so stark wie ein Fels
der mir sagt wer ich bin, wohin ich gehöre
Man findet ihn, so glaube ich, nur in sich selbst
und in dem Engel, den ich so liebe und verehre

Ich denke meine Verse in Musik
und ich schreibe meine Musik in Gedichten
Sie klingen in Worten wie die Symphonie Le Pathetique
und heraus kommen doch romantische Geschichten

Der Dunst schwebt über dem Morgentau
Nebel ziehen auf und angenehm ist der Duft
Der Wind ist kühl, schneidend und rauh
Der Morgen erwacht, erfrischend ist die Luft

Auf meinen Spaziergängen durch Wald und Wiesen
denk ich an Dich und die Natur singt ihr Lied
Worte, die da in mir sprießen
bring ich zu Papier, weil ich Dich so lieb

Junge Mädchen pflücken Blumen am Wegesrand
und tauschen Neckereien mit sich aus
Sie bewegen sich so graziös und elegant
Es ist ein wahrer Augenschmaus

Des Abends jedoch führt mich der Weg immer zu Deinem
Grab
wo ich spreche leise liebe Worte zu Dir
Ich küsse Deine Grabesblume liebevoll und zart
und die Sterne leuchten über mir

Und während ich an Deinem Grabe steh
überfällt mich die Melancholie
Hier bin ich und wein um Dich, Du kleines Reh
Dieser Ort der Trauer erfüllt mich mit Poesie

Ich bin so romantisch Dir gewogen
Von fern hör ich die Abendglocken erklingen
Ich möchte Dich küssen unterm Regenbogen
und die Nachtigall wird ein Lied für uns singen

Und während ich Dich küsse
läuft mir eine Träne ins Gesicht
Ich habe mich so danach gesehnt, Du meine Süße
Deine Lippen zu berühren, ich liebe Dich

Ach, ich wünschte, ich wär »Peter Pan«
und flöge zu Dir ins Märchenland der Phantasie
denn in Wirklichkeit bin ich ein verzauberter Schwan
und möchte Dir Märchen erzählen voller Poesie

Ach, wie oft habe ich die Nacht durchwacht
und im Geiste bei Dir am Grabe verbracht
Ich träumte von unserer Zweisamkeit
Zu unruhig war der Schlaf mit meinem Liebesleid

Ich will Euch ein Märchen erzählen aus längst vergan-
gener Zeit
All die Elfen und Gnome des Waldes, so hört man sagen
trafen sich des Nachts in der Dunkelheit
und alle guten unsichtbaren Geister, die da kamen
schlossen den Bann der Unsterblichkeit

Ihr Elfen und Zwerge aus dem Land deutscher Märchen
die wir alle hier versammelt sind
Hier ruht unser »Dornröschen« umgeben vom Gesang der
Lerchen
und all die Trollgeister behüten sie wie ein schlafendes Kind

Und des Abends, wenn der Mond seine Bahn zieht
und er dabei freundlich heruntersieht
dann schmücken rote Grablichter diesen Ort
man sieht sie nicht, »die Wichte«, doch sie sind da, hier
und dort

Geheimnisvoll tuscheln sie alle miteinander
aus dem nahen Wald erscheinen all die Tiere
und sollte der Dichter hier erscheinen, dann laufen alle
auseinander
damit er sie beweinen kann, des Dichters große Liebe

Laßt uns den Bund um unser »Dornröschen« schließen
Ihr romantischen Geister meiner Poesie
Ein Meer von Blumen, die da sprießen
da, die Elfen pflegen ihr Grab, entsprungen meiner
Phantasie

Ihr guten Geister, behütet diesen Ort wie den heiligen Gral
und gebt ihr das Gefühl der Geborgenheit
Seht Ihr denn nicht, wie sehr ich leide mit meiner Qual
Es blutet mein Herz, so tröstet mich doch in meinem
Liebesleid

In jener Nacht, die ich am Grabe verbracht
schläft sie mit meiner Liebe vereint
Eine kleine Elfe mit gesenktem Haupt steht in Andacht
Ein »Grabstein-Engel«, der da um sie weint

Und wenn der Morgen alsdann anbricht
dann entfernen sich die Wichte von diesem Ort
denn sie vertragen nicht das helle Licht
dann kuschen und trollen sie sich alle hinfort

Sie beobachten mich aus der Ferne
und hoffen das ich werde bald gehn
Ihre kleinen Äuglein leuchten im Dunkeln wie Sterne
Ich spüre deren Nähe, doch ich kann sie nicht sehn

Träume süß, Du meine schlafende Rose
mit Tränen tränke ich Dein Blumengemach
das ich Dich noch einmal liebkose
Du bleibst nicht allein, die Wichtelmänner halten Dir
die Wacht

Ja, Ihr kleinen Gnome, ich nehm Euch das Versprechen ab
Solang ich nicht da bin, behütet Ihr das Grab
denn niemand darf ihren Schlaf stören
Nur die wenigen, die unserem Bund angehören

Auf einem nahe gelegenen See schwimmt ein weißer Schwan
Er sieht so traurig aus, da er allein
Stolz und majestätisch zieht er seine Bahn
Wo mag nur seine Partnerin sein?

Und als ich näher an ihn trat
begann er zu sprechen auf geheimnisvolle Art
»Sei unbesorgt mein Freund, es wird ihr an nichts fehlen
Sie ist nun bei uns im Reich der himmlischen Seelen«

»Ich komme aus einem fernen Land
das euch Menschen unbekannt
Nur wenn der Tod euch ereilt
und der Wolkenhimmel sich teilt
findest Du den Weg ins Land der Ewigkeit
dort wo Deine »Liebste« jetzt weilt
dort wo Milch und Honig fließen
kannst Du Dein Mädchen in Deine Arme schließen«

Oh, Du mein guter Schwan
aus dem Land der Fabeln und Sagen
Du hast mir Gutes angetan
nenne mir doch Deinen Namen

»Von dort »Oben« komm ich her
und wurde von Gott gesandt
weit bin ich geflogen, bis hierher
mein Name ist Dir wohlbekannt

Fühlst Du denn nicht, daß ich es bin
der versucht Dich zu trösten in deinen Liebesschmerzen
Ich bin der, der ich bin
und spreche aus allen euren Herzen

Ich war schon einmal hier vor vielen Jahren
und habe getröstet die Menschen auf Erden
Sie haben mich gedemütigt mit bestialischen Qualen
Nun bin ich wieder hier, um nochmal zu sterben«

Sterben wird er um zu leben
War das Gottes Sohnes Stimme soeben
Hab ich es wirklich vernommen, oder bin ich im Wahn
Ich seh es mit Entsetzen
hier liegt im letzten Atemzug ein sterbender Schwan

Ein Lachen reißt mich aus meinem Denken
Es sind die Mädchen, sie albern und wollen nicht ruhen
Lilien wollen sie mir schenken
für das Grab meiner »Liebe« haben sie gepflückt diese
Blumen

Eins der Mädchen schaut mich mit großen Augen an
Sie sieht meiner »Liebsten« ähnlich, oder täusche ich mich
so sehr
Werden wir nicht alle wiedergeboren, irgendwann
Auf meine Frage, ihr Name war »Jennifer«

Jennifer, so heißt auch meine kleine Fee
ein Märchen wie ein Sommernachtstraum
Ihr Kuß ist so warm und kühl
    wie Blutstropfen im weißen Schnee
und die Gestirne leuchten aus dem unendlichen Welten-
raum

Eine Sternenschnuppe fällt aus der dunklen Nacht
hast Du es auch gesehen, mein alter Freund, Du guter
Mond
Ich weiß, »Sie« hat diesen Zauber entfacht
denn sie ist allgegenwärtig da, weil sie in meinem Herzen
wohnt

März 2006

Sommernachtstraum II

Prolog

In meinen einsamen Träumen
geh ich mit meinen Gedanken spazieren
denn »Sie« ist für mich am Leben
Ich weiß, ich werde sie immer lieben
Nichts und niemand kann mir das nehmen

*Aufgeregt ist er, es läßt ihm keine Ruh
im Reisezug, der nach Sankt Peter Ording fährt
Ein Blumengesteck roter Rosen, »ein zärtliches Du«
für die Frau seines Herzens, die er so liebt und verehrt*

*Seht, dort geht der Dichter hin zu ihrem Grabe
und durchdenkt seine Gedichte
»Jenny«, so liest sich ihr Grabsteinname
denn jeder Grabstein erzählt seine Geschichte*

*Der Dichter, er spürt, wie sein Herz ihm bricht
Es schnürt ihm die Kehle, oh welch Unglück
Er spürt ihr Dasein, sieht im Geiste ihr Angesicht
Die Blume, die er so liebt, zu früh wurde sie geknickt*

Und wenn er dann am Grabe mit ihr spricht
dann ist es so ruhig und so still
man kann sie kaum verstehen, seine Worte: »Ich liebe
Dich«
Ja, er wird sie ewig lieben, mag da kommen was will

Er ist allein an diesem Ort
Und niemand sieht seine Tränen
Nur die Kobolde im Walde, hier und dort
halten sich versteckt, um ihn zu sehen

Der Wald wirkt so geheimnisvoll
kann es sein, daß die Bäume miteinander sprechen?
Beobachtet ihn versteckt ein Waldestroll?
Der Dichter, er ist wieder da, so sein Versprechen

Und auf der Wiese, nah am Grab
balzen die Blumen mit ihrer Pracht
»Seht den Dichter am heutigen Tag
noch schöner als wir sind die Blumen, die er mitgebracht

An der Kapelle auf einer Bank
sitzt der Dichter und ist in Gedanken nah bei ihr
kleine Wichtelmänner laufen am Grabe entlang
und ordnen die Blumengabe zur Zier

Man kann sie eigentlich gar nicht sehen
wie sie mit fleißigen Händen das Grab pflegen
Die Wichte, sie tuscheln leise unter sich
»Beeilt Euch, sonst bekommt er uns zu Gesicht«

Er sieht sich ein Foto seiner »Liebsten« an
die Frau, die er wird sein Leben lang vermissen
Ein Portrait von »Jenny«, aufgenommen irgendwann
Seine Lippen berühren das Bild, um es zärtlich zu küssen

Traurig ist ihr Gesicht
als hätte sie damals weinen müssen
Er fühlt, wie sein Herz ihm bricht
Wie gern würde er ihr die Tränen abküssen

Ganz versunken saß er dort
und wollte in Gedanken sich mit »Ihr« verbinden
an dieser Kapelle, an diesem Ort
damit sich beider Seelen finden

Er faltet seine Hände und sieht hinauf zum Wolkenlicht
»Oh Gott, Du dort oben, hörst Du mich?«
»Ich möchte »Sie« so gern bei mir haben«
als da eine Stimme spricht
die da wollte sagen:

»Ich habe sie zu uns genommen
und sie spürt nunmehr keine Qualen
Sie ist glücklich in meines Vaters Haus angekommen«

Und er spürte in seinem Herzen,
wie die Worte ihm den Schmerz nahmen

»Es gibt kein Leben ohne Wunder
ich habe es Euch Menschen gepredigt und erzählt
erlöse Dein Herz vom Trübsal und Deinem Kummer
Ich hoffe, Du hast nicht den schwersten Weg gewählt«

»Ja mein Freund, mach es Dir nicht so schwer
Du liebst diese Frau, die da heißt »Jennifer«
Du bringst Blumen an ihr Grab, Jahr für Jahr
schreibst Gedichte, die ans Herz gehen so nah«

»Du hast ihr ein Gedicht am Grab verlesen
und sie hat Deine lieben Worte wohl vernommen
Der Tod, mein Freund, ist nicht für immer
Ich selbst bin es gewesen
damals, als mein Vater mich zu sich genommen«

»Was ist der Mensch, daß er glaubt zu wissen,
das es gerecht sei zu lieben ohne Marter«
»Was ist der Mensch, daß er länger leben wollte
als der himmlische Vater!«

Und als der Dichter jene Worte vernahm
sah er zum Grab, wo die kleinen Wichte war'n
die da eiligst sind dabei, das Grab zu pflegen
von kleinen Händen geschmückt wie im Garten von Eden

Doch als er näher kam, um die Blumen zu tränken
zogen sich die Wichte schnell zurück
Man sieht sie auch nur dann, wenn man der »Liebsten«
will gedenken
unsichtbare Hände, die da helfen, welch ein Glück

»Oh Ihr kleinen Geister, es sei Euch gedankt
laßt mich noch ein wenig am Grabe verweilen
hört Ihr's auch, diesen schwermütigen Gesang
es ist, als wenn kleine Elfen um »Sie« weinen«

»Ach, ich wünschte, ich wär einer von Euch Wichten
dann würde ich über ihren Schlaf wachen
doch ich kann nur darüber schreiben und dichten
um ihr zu gedenken und das Feuer meiner Liebe zu
entfachen«

Die Rosen, die er ihr mitgebracht
sie brennen wie rote Flammen auf ihrem Grab
Selbst in der Nacht entfalten sie ihre feurige Pracht
Ewig soll ihr Licht brennen bis zum jüngsten Tag

Doch am heutigen Tag singen ihm die Lerchen
das Lied von Liebesweh und Leid
Hier ruht sein »Schneewittchen«, so wie im Märchen
Nichts wünscht er sich mehr, als mit ihr im Tode vereint

Und wie er so in Gedanken versunken
bemerkte er es kaum
wie die kleinen Kobolde torkeln und sich ducken
sie zündeten rote Grablichter an, ein Sommernachts-
traum

Die kleinen Gesichter, sie huschen flink und schnell durch
das Geäst
sie toben wie kleine Kinder, als gäb es ein Fest
Die Blumen geben ihren holden Duft
Eine märchenhafte Atmosphäre liegt in der Luft
weil ein Verehrer seine mitgebrachten Gaben am Grabe läßt

Und unbemerkt vom Dichter
sprach der Waldgeist zu seinen Untertanen
»Ihr sollt hüten die kleinen Grablichter
muß ich Euch erst ermahnen«

Es läuten von der Kapelle die Abendglocken
Eine geheimnisvolle Romantik umgibt diesen Ort
versteckt hinter Büschen, die kleinen Waldgeister, die da
hocken
Sie warten mit Geduld, da dieser Mensch das Grab
versorgt

Die kleinen Wichte, sie kennen den Mann
der da kommt Jahr für Jahr
Der Poet, der nicht ohne »Sie« leben kann
Nur hier fühlt er sich »Ihr« so nah

An ihrer Seite möchte er in ihrem Grabe liegen
und so steht es auf seinem Stein
Selbst der Tod konnte seine Sehnsucht zu ihr nicht unter-
kriegen
Hier fand er nun seine letzte Ruh, um seiner Liebsten nah
zu sein

Und irgendwann werden Menschen hier stehen und sich
fragen
Ganz in ihrer Näh liegt doch ein Dichter
Seine Liebe war so groß, so hört man sagen
das er wollte hier begraben
und man kennt noch nicht einmal seinen Namen

Vielleicht das eine kleine Inschrift wird daran
erinnern, wie groß jene Liebe sei
das sich zwei Seelen hier gefunden haben
wo nun beide dicht an dicht begraben
in Sankt Peter Ording auf dem Friedhof von Sankt
Nicolai

April / Mai 2006

ALS WÄR ES GESTERN ERST GEWESEN

Prolog
Kennt Ihr das liebliche Thema
aus der Symphonie Pathetique
Melancholisch und doch so schön
Man könnte einen gesungenen Text darauf legen
»Wann werden wir uns einmal wiederseh'n«

Nun sind schon zwei Jahre vergangen
und ich folge ihren Spuren, der Grund meiner Pilgerfahrt
Ihr Tod, es ist, als wär es gestern erst gewesen
Noch immer spür' ich ihre Gegenwart

Als die Nachricht kam von ihrem Todessturz
es traf mich mitten ins Herz
Ich verlor meine Fassung
zu groß war mein Schmerz

Damals, als ich in Schwabing war,
führte mich mein Weg direkt wo sie gelebt
In Gedanken wollte ich ihr nahe sein
Ich war so aufgewühlt und innerlich so bewegt

Ich stand ihrem Haus gegenüber
und sah zu ihrem Fenster hinauf
Die Wohnung, sie war nun leer und verlassen
In meinem Herzen war ich es auch

Ich habe es in meinen Versen oft kundgetan
vor ihrem Haus, an dem ich eine Blume niedergelegt
wie gern hätt ich sie einmal persönlich kennengelernt
Jedoch, ein böser Geist nahm ihr das Leben, und ich, ich
kam zu spät

In der »Franz-Josef-Straße« vor ihrem Haus
die Tür war verschlossen und zu
wie gern hätt ich um Einlaß gebeten
Ich fühlte mich so verloren und der Grund warst »Du«

Ja, verloren kam ich mir vor
allein gelassen und verzweifelt wie noch nie
hier ist meine »Liebste« ein- und ausgegangen
hier war »Jenny« zu Haus, hier lebte sie
Es ist, als wär es gestern erst gewesen
als jene Musik aus ihrer Wohnung klang
»hello again« von Howard Carpendale
hör ich es heute, so wird mir Angst und Bang

Gestern noch läutete ihr Telefon
Wer hat mit ihr zuletzt gesprochen
Hat denn niemand etwas verspürt
daß »sie« war innerlich so gebrochen.

Ich wünschte, ich hätt sie früher gekannt
Ein Anruf, ich wär gekommen
denn seelische Sorgen müssen ausgesprochen werden
wie gern hätt ich sie getröstet und in den Arm genommen

Und die Nachbarn und Mitbewohner, sie erzählen
Gestern noch hab ich sie gesehen, sie ging spazieren
auch ihr kleines Auto parkte vor dem Haus
denn sie wollte noch zu Fuß, um zu promenieren

Mit sehnsüchtigen Gedanken schlenderte ich ihre Straße
auf und ab
und ich bildete mir ein, sie kommt mir entgegen
Ich glaubte, das ist sie, das könnte sie sein
und die Passanten auf dem Gehweg wunderten sich über
meine Tränen

Direkt an der Stelle, wo man sie fand
berührte ich mit meinen Händen die Pflastersteine
achtlos liefen die Menschen an mir vorbei
eine kleine Blume liegt nun dort, während ich weine

Die Abendsonne warf ihr Licht an die Wand
Nichts erinnert, was einmal war
dort wo damals ihr Namensschild am Eingang stand
Nur diese kleine Blume, gelegt von meiner Hand, die lag
noch da

In einem kleinen Park
auf einer kleinen Bank
machte ich mir Notizen für ein neues Gedicht
Nachdenklich sind die gewählten Worte, denn meine
Seele ist krank

Zärtliche trauervolle Gedanken fließen aus meiner Feder
liebevolle Worte die sich da reimen
Tränen, die ich nicht halten kann
Ich möchte in mich gehen, allein sein und weinen

Und als ich dort saß so allein
fühlte ich, wie die Worte wollten aus mir sprechen
Sie ist nunmal die Frau meines Lebens
Ich liebe sie mit all ihren Ängsten, Fehlern und Schwächen

Sie war, nein sie ist eine wundervolle Frau
und ich möchte sie in meinem Gedicht malen
Ich seh sie deutlich vor mir, als sei es gestern erst gewesen
Welch böser Geist hat sie verwirrt, daß wir sie verloren
haben

Ein Photo, ich trage es immer bei mir
es begleitet und tröstet mich auf jedem Weg
liebevoll seh ich es mir an
Ich spreche dann mit ihr, weil es mir dann besser geht

Ihr Bildnis, das ich mir betrachte
mich berührt ihr seelenvoller Blick
Ich spüre ihre Nähe und Wärme
Doch ich küsse nur ihr Portrait, welch ein Unglück

Und ich seh das Licht in ihren Augen
die so wunderschön mich blicken an
Ich bin überwältigt von ihrem Charme
daß ich es in Worten kaum wiedergeben kann

Ein musikalisches Theme geht durch meinen Kopf
und ich schwelge bei dieser Melodie, die so angenehm
Ihr Portrait lächelt mich liebevoll an
und ich denke mir
»Wann werden wir uns einmal wiederseh'n«

In diesem kleinen Park, nicht weit von ihrem Haus
vielleicht das »Sie« auch mal hat hier verweilt
Ja, sie ist bestimmt da gewesen
damals zu einer anderen Zeit

Und wie ich so in Gedanken versunken
trat ein älterer Herr auf mich zu
er musterte mich ein wenig und sprach:
»Nicht wahr, es ist schön hier, eine himmlische Ruh«

»Hier ziehe ich mich gern zurück
da man in sich gehen kann
man sollte geniessen jeden Augenblick
solange man auf dieser Welt da sein kann«

Wir sprachen über Liebe, Dichtung und Musik
über Gott und die Schicksale von Menschen auf dieser Welt
jeder geht einmal seinen Weg bis zum bitteren Ende
bis auch für uns der letzte Vorhang fällt

Ich erzählte ihm von der Tragödie
weshalb ich in Schwabing bin
Er kannte die Schauspielerin nicht, so sprach er
In den Medien wurde es verlesen, was für ein Unglück, es
macht keinen Sinn

»Vielleicht will es der große Unbekannte dort oben
daß Sie, mein Freund, nun Verse schreiben
da Sie nie in ihrem Leben einen Menschen wirklich
geliebt
ist es Ihre Bestimmung, in Gedichten zu leiden«

»Ja mein Herr, einen Liebesbrief möchte ich ihr schreiben
so schön, wie ihn keine Frau je gelesen
all meine Liebe lege ich darin
Ein Brief in Gedichtform, für ein wundervolles Wesen«

»Es ist schön, daß es Menschen gibt, die so empfinden
doch die Toten leben in ihrem Reich
Sie dürfen sich nicht zu sehr an ihre Liebe binden
sonst geht man zugrunde, suchen Sie einen Ausgleich«

»Gerade weil Sie diese Frau so lieben
und ihr Andenken bewahren
müssen Sie im Positiven denken und nach vorne sehn
sonst endet man in seelischen Qualen«

»Warum, warum schmerzt mein Herz, als blute es aus
warum möchte ich mich auf die Erde niederknieen, wo
sie gestorben
Es ist, als sterbe ich selbst vor ihrem Haus
Sie ist fort, was soll werden, was wird sein morgen?«

»Warum bewegt es mich so, hör ich Glockengeläut aus der
Ferne
Warum bin ich so gerührt, wenn ich seh ihr Portrait
Sie bedeutet mir so viel, ich hab sie ja so gerne
das sie nicht mehr ist, es tut so weh«

»Sie haben geweint, mein Freund, es geht Ihnen ziemlich
nah
Die Zeit aber heilt alle Wunden, Sie werden es sehn
Das Leben ist halt sonderbar
mit all seinen Schicksalsschlägen, für uns Menschen nicht
immer zu versteh'n«

»Aber Sie müssen sich Ihrer Tränen nicht schämen
Es ehrt Sie, daß Sie jener Frau so verbunden
Wir leben heute in einer so rücksichtslosen Welt
Da ist es gut zu wissen, daß Sie mit Worten gerungen
um es in Gedichten wiederzugeben
wie sehr Sie diese Frau halt lieben«

»Mein guter Freund, was ist der Tod?
Wie wird es sein, wenn wir vor unserem Schöpfer werden stehn
Kommt dann Licht ins Dunkel aller Fragen
die da heißt: Werden wir uns einmal wiederseh'n?«

»Mein Herr, Sie scheinen zu ahnen, was ich durchleide
doch der Tod hat keine Schrecken mehr für mich
Ich liebe doch nun mal nur die »Eine«
und ich weiß, wenn ich nicht mehr bin
        dann seh ich meine Liebste im Himmel
        von Angesicht zu Angesicht«

»Mein Freund, ich weiß, es gibt da etwas, was wir
Menschen nicht verstehn
Ein Rätsel, das wir nicht ergründen
Der Herrgott läßt sich nicht in die Karten sehn
Wir müssen weitersuchen, bis wir eine Antwort darauf
finden«

»Leben Sie wohl, mein Freund, es war mir angenehm«
man gab sich die Hand auf ein Wiedersehn
»Ich wünsche Ihnen eine gute Fahrt zurück nach Bremen
In all unseren Herzen, besonders aber in Ihrem, wird
Ihre Freundin weiterleben«

Ich hatte schon mit vielen Menschen gesprochen
über meine unglückliche Liebe, die da ist so fern
Nie war ein Gespräch so offen
es ist, als wär es gestern erst gewesen, ich erinnere mich gern

Die Franz-Josef-Straße, mein Weg, er führte mich zurück
Das Leben pulsiert, Mennschen, Autos und Kindergeschrei
schon vergessen hat man das damalige Unglück
Nichts erinnert an das, was war
nur die kleine Blume, die ich niedergelegt, ist noch da

Ich komme wieder, um »Ihr« eine neue Blume zu schenken
wie ich es oft an ihrem Grabe getan
Es ist mir egal, was die Leute denken
Sie soll dort liegen, wo »Ihr« Leben ein Ende nahm

Auf der Rückfahrt von Schwabing nach Bremen
saß ich so ganz für mich allein
ein neues Gedicht galt es in Angriff zu nehmen
das da heißen wird »geliebte Freundin«, doch das bleibt
noch geheim

Ja, ihr Botschafter möchte ich auf Erden sein
mit meinen Gedichten möchte ich ihr Andenken bewahren
Auch schließe ich sie in meine Gebete mit ein
Heute wie damals, als sie ging vor zwei Jahren

Mai 2006

GELIEBTE FREUNDIN

Prolog
Dies ist ein Briefgedicht an eine Frau
die von mir so sehr vermißt
doch der Autor geht davon aus
dass ihre Seele der Empfänger und diese noch auf Erden ist

Sehr geehrte Frau Nitsch

es ist für mich nicht leicht, den Anfang zu finden
Ihnen heute zu schreiben, was ich für Sie empfinde
Ich mußte doch erst mit meinen Worten ringen
Kann kaum noch denken, daß ich nichts zustande bringe

Und schuld daran sind Sie, meine Liebe
verzeihen Sie meine direkte Art
Sie haben wohl Verehrer und deren viele
Zu groß ist mein Respekt und doch habe ich es gewagt

Ja, ich wage es, Ihnen heute zu schreiben
um mit Ihnen ein wenig zu plaudern
Ich tu es sogar in Reimen
Oh bitte, geraten Sie nicht ins Schaudern

Gedichte habe ich geschrieben, der Anzahl viele
und es kommen immer neue hinzu
und der Grund ist weil ich Sie so unsagbar liebe
Ich habe Sie liebgewonnen, darf ich sagen »Du«

Ja, ich habe mich in Sie verliebt
und ich will der ganzen Welt mich dazu bekennen
Ich hätt es mir nicht träumen lassen
Darf ich Sie »Jenny« nennen?

Schon des Morgens, wenn ich erwach,
greif ich zur Feder und schreibe meine Verse nieder
Schöne Gedanken entstehen in mancher Nacht
liebevoll empfundene Worte kehren in Gedichten wieder

Nein, bitte erschrecken Sie nicht
Es ist nicht meine Art, aufdringlich zu sein
Sie inspirieren einfach mich, seh ich Ihr liebes Gesicht
schon beginn ich zu texten, Sie mögen es mir verzeih'n

Ein Portrait von Ihnen steht auf meinem Nachttisch allein
damit ich Sie nicht so oft vermisse
Ich habe dann das Gefühl, nicht allein zu sein
weil ich Ihr Bildnis vor dem Schlafengehen so gerne küsse

Wie gern würde ich Sie einmal persönlich sprechen
Ich möchte dabei in Ihre wundervollen Augen sehn
Dass ich Sie so liebe und begehre ist mein Verbrechen
Ich liebe und leide, es ist nunmal gescheh'n

Und doch, obwohl ich Sie so verehre,
habe auch ich Angst, mich zu binden
Zu groß ist die Enttäuschung, wenn meine Gefühle nicht
erwidert würden
So kann ich meine Liebe nur im Geiste finden

Empfinden Sie die Ehe auch als Zwang?
Dem anderen Partner ausgeliefert zu sein
Womöglich gibt es später nur Streit und Zank
doch mal ehrlich, schön ist es aus Liebe zu verzeih'n

Es ist nicht gut, allein zu sein
Die Wohnung steht leer und das Telefon läutet so gut wie
nie
man fällt in ein geistig tiefes Loch hinein
manchmal hilft gute Musik, »lieben Sie Tschaikowski«?

Ich liebe die Melodien dieses russischen Komponisten
Was, meine liebe Freundin, hören Sie so gerne?
Ach, wenn wir beide es nicht besser wüßten
Ihnen zuliebe hör ich auch Schlager, als wenn es immer
so wäre

Am liebsten würde ich in Schwabing wohnen
in der gleichen Straße Ihnen gegenüber
Und wenn ein Licht brennt in Ihrer Wohnung dort oben
dann weiß ich, »Du bist da«, endlich wieder

Denn als Künstlerin ist man viel unterwegs, kaum zu Haus
Sie lieben Ihren Beruf und ich finde das gut
Sie sind eine Persönlichkeit und kommen aus sich heraus
Ich wünschte, ich wär wie »Du« und hätt den gleichen Mut

Ich bin so fasziniert von Ihnen, Verehrteste
von Ihrer Art, wie Sie sich geben
von Ihrem Charme, der Sie umgibt
Sie unterscheiden sich von all den jenen
Ahnen Sie es denn nicht, wie sehr man Sie liebt

Ist es Ihre Stimme, die da so eindrucksvoll spricht
oder Ihr verträumter melancholischer Blick, der mich so
berührt
Ist es Ihr dezent geschminktes liebes Gesicht
Noch nie habe ich so eine Wärme in meinem Herzen
verspürt

Ich muß es Ihnen sagen und gesteh'n
denn jede Nacht möchte ich von Ihnen träumen
Ich bin so selig und verliebt, seit ich Sie geseh'n
Nur für »Dich« schlägt mein Herz, meine geliebte Freundin

Nun fällt mir ein
dass ich nicht der Einzige werde sein
Es würde mich nicht wundern, gäb es da einen Mann
der das Glück hat, von Ihnen geliebt zu werden, was
dann?

Oh, wie beneide ich diesen Mann
der »Dich« in seine Arme schließen kann
Hoffentlich weiß er auch, wie zerbrechlich manche Seelen
sind
Denn ich möchte »Sie« glücklich wissen, wie ein spielendes
Kind

Ich bleibe und werde es immer sein
ein Freund, der in Gedanken nie von Ihrer Seite weicht
Tränen werden mich stets erinnern, da ich öfters wein
Arm ist meine Seele, doch im Herzen bin ich reich

Es gibt so viele Frauen auf dieser Welt
und ich verliebe mich in die »Eine«
Was haben Sie, meine liebe Freundin, mit meinem
Herzen angestellt
All das, was ich für »Dich« empfinde, steht hier in jeder
Zeile

Glauben Sie an ein »Wiedersehen« nach dem Tod?
Ich meine einen Menschen, den man wirklich sehr geliebt
Dass man gemeinsam im Himmel betrachtet das Abendrot
und dass man sich nach langer Zeit wiedersieht?

Ja, meine geliebte Freundin, ich denke oft daran
was wird einmal sein, wenn wir nicht mehr sind
Ich stelle es mir vor und wünsch es mir, bald oder irgend-
wann
dass ein Engel, der so ausschaut wie Sie, mich auch in die
Arme nimmt.

Hier auf Erden hab ich ja meinen Engel schon gefunden
an dem ich meine Freude habe
Ich fühle mich »Ihm« eng verbunden
Sie ahnen es, »Jennifer« ist sein Name

Wie gerne würde ich mit diesem »Engel« einen Abend
verbringen
bei leiser Musik und Kerzenschein
kleine unsichtbare Elfen, die da ein Liebeslied für uns
singen
Verzeihen Sie, meine Liebe, es ist meine Phantasie, ich
bin oft allein

Musik, eingebungsvolle, romantische Musik
tröstet mich, wenn ich an Sie denke, so ganz für mich
allein
Kennen Sie das Thema aus der »Pathetique«
Denn hör ich diese Melodie, fang ich still an zu wein'

In dieser Symphonie ist so viel Liebe, aber auch endloses Leid
Es wird darin ein Unglück beschrieben, was ich nicht
deuten kann
Es klingt nach Abschied und es beginnt eine furchtbare
Leidenszeit
Was wird passieren, welch Unheil kündigt sich hier an?

Meine liebe Freundin, als ich diese Töne vernahm
habe ich während dieser Klänge nachgedacht
welch unsichtbare Macht treibt uns in den Wahn
das der Geist verwirrt ist in manch dunkler Nacht

Machen Sie kein so nachdenkliches Gesicht
beim Lesen dieser Zeilen, alles wird gut
Es ist ja nur ein poetisches Gedicht
Was mir fehlt, sind wohl Zuversicht und Mut

Meine liebe Freundin, wenn Sie diesen Brief jetzt lesen
dann wünsch ich mir ein Lächeln von Ihnen
mehr darf ich wohl nicht erwarten, geliebtes Wesen
noch nie habe ich einer Frau solche Gedichte geschrieben

Es würde mich freuen, Ihnen wieder zu schreiben
Ich liebe Sie, darf ich es in Worten schildern und träumen
Und wenn Sie es erlauben, dann tue ich es in Reimen
Behalten Sie mich im Gedächtnis und bleiben Sie mir gut
    meine geliebte Freundin

Mai 2006

SEELENKLÄNGE

Prolog
Der Tag ist in die Nacht verliebt
Die Sonne in den Mond
Es ist so schön, daß es Dich gibt
Denn »Du« bist es, die in meinem Herzen wohnt

Ja, mein kleines Reh, so steht es um mich
Hier sitze ich nun und schreibe ein Poem
Dir allein widme ich dieses kleine Gedicht
Ich hoffe »Du« freust Dich und es ist Dir genehm

Kaum dass ich die Augen aufgeschlagen
denn in der Nacht kam ich kaum zur Ruh
sprech ich aus Deinen Namen
denn mein erster Gedanke bist »Du«

Wo bin ich mit meinen Gedanken
Du gehst mir nicht aus dem Sinn
Kann kaum noch denken, fang an zu wanken
seh den Wolken nach, dort wo Du bist und ich nicht bin

Du eine Wolke dort oben am Himmelsgewand
wenn dein Weg über ihre Ruhestätte führt
vergiß nicht, meine Grüße auszurichten, die ich ihr gesandt
klopf mit Regentropfen an ihr Grab, damit sie es auch spürt

Dein Grab, welches ich in Gedanken seh
Hoch im Norden, wo der Nordseesturm an der Küste brach
dort ruhst Du meine kleine Märchenfee
und die Wellen des Meeres wiegen Dich in den Schlaf

In mir beginnt ein stilles Denken
Wohin mich meine Gedanken auch lenken
Ich möchte am liebsten von Dir träumen
und an Deinem Grabe weinen

Ja, ich weine um Dich, Du meine kleine Fee
Tränen fließen von meinen Wangen herab
Endlose Wehmut, wenn ich Dein Bildnis seh
Ich kann es nicht fassen, daß ich Dich verloren hab

Was nützt mir all mein Wehen und Klagen
ohne Dich muß das Leben nun weitergeh'n
nur in meinen Träumen darf ich Dich liebhaben
In meinen Gebeten laß ich Dich sogar aufersteh'n

Obwohl ich Dich nie persönlich gekannt
spüre ich eine Macht, die in mir bebt
Du bist ein Engel geworden, ich fühle Deine schützende
Hand
denn es ist Gott, der in allen Dingen lebt
Ja, ich neige dazu, vom Atheismus mich abzuwenden
weil ich glaube, daß Du in meinem Herzen bist
Ich vermag es nicht zu deuten, wie soll ich es benennen
und doch hab ich das Gefühl, »Du« hast mich still und
zärtlich geküßt

Du bist mir so nah und doch so fern
wie unsere Sonne, die da leuchtet im All, jener Stern
Ich wünschte, ich wär der Mond und halte Dir die Wacht
Du und ich, wir zwei Gestirne, was für eine Liebesnacht

Und während ich diese Zeilen schreibe
bewegen sich die Äste und Zweige
kann es sein, daß »Du« es bist
dass jener Wind mich berührt, ach, wenn ich es doch nur
wüsst

Manchmal hab ich das Empfinden
dass Dein Wesen in meiner Nähe ist
man hört ja immer von unscheinbaren Dingen
Ist es der Hauch des Windes oder Dein Atem, der mich
da küßt?

An Deinem Grabe unter jenem Baum
verweile ich und betrachte Dein Bild, Du süßer Traum
Nachdenkliche Gedanken sind es, die mich verfolgen
Ich weiß, es geht Dir gut, ich seh es in Deinen Augen

Ja, ich wache so gern an Deinem Grab
Mich zieht es immer wieder zu Dir
Blumen leg ich nieder, sollen sagen, wie lieb ich Dich hab
denn ich bin nunmal Dein Rosenkavalier

Dieser Ort der Ruhe, den ich so lieb
das Rauschen des Meeres, das Geschrei der Möwen, was
uns umgibt
Du schläfst, ich wache, wir sind ein seltsames Pärchen
Tief atme ich diese Atmosphäre, es ist wie ein duftendes
Märchen

Ja, dies ist für mich ein geweihter Ort
Es ist, als wenn ich mit Dir plauder
all meine Liebe spricht zu Dir in jedem Wort
denn Liebe ist größer als jeder Zauber

In einer großen Zeitung habe ich Dir meine Liebe gestanden
unser beider Namen, die sich nun gefunden haben
All die Menschen, die dies lesen, und derer sind es viele
sollen wissen, was ich für Dich empfinde, da ich Dich so
unsagbar liebe

Doch, und daran hätt ich denken müssen
kamen all die »Medien« und wollten mehr von mir wissen
Wer ist dieser Mensch, der da Gedichte schreibt
und der in melancholischen Worten beklagt sein Leid

Ich will es Euch sagen:

Ich bin ein kleiner Dichter, der da unbekannt
der unsterblich liebt jene Frau
die nun schläft in ihrem Grab am Nordseestrand
und weil ich sie nicht vergessen kann
erinnere ich die Menschen daran
welchen Verlust ich in meinem Innern verspüre

wenn ich mit meinen Lippen ihr Bildnis berühre
wenn ich sie in Gedanken umarme
und ihr gestehe, wie lieb ich sie habe
wenn ich küsse ihr liebevolles Gesicht
und es niederschreibe in einem Gedicht
Ich bin nun mal ein verliebter Narr
und trauer dem nach, was einmal war
Auch bin ich innerlich so niedergedrückt
man lächelt über mich, andere halten mich für verrückt
Ich weiß, es klingt ein wenig sonderbar
doch spür ich, »Sie« ist da
Es gibt da ein helles Licht
aus dem ihre liebe Stimme spricht
Und wenn der liebe Gott es will
dann öffnet ein Himmelsfenster sich
und ich erkenne, wie ein Sonnenstrahl durch die Wolken
bricht
all das Erlebte schreibe ich nieder zu einem Gedicht
Ich empfinde das wirklich, so bin nunmal ich
Meine Tränen, die niemand sieht
nun habe ich es öffentlich gemacht, daß ich sie so lieb
An ihrem Grabe werde ich sie beweinen
um Ihr und der Welt zu zeigen
was sie mir bedeutet auch in diesem Gedicht
denn sie vergessen, das kann ich nicht
Sie ist fort, ich weiß
und doch spüre ich ihre Wärme
Denn wenn Gott es will
dann ist sie da, hier in meinem Herzen, auf dieser
wunderschönen Erde

Wo Du jetzt auch bist, im Himmel dort droben im hellen
Licht
Vergessen sollen sein all meine Sorgen
Gib mir die Kraft, die Trauer zu bewältigen, da sonst
mein Herz mir bricht
denn ich weiß, Deine Seele ist in Gottes Händen geborgen

Juli / August 2006

NACHWORT

Unsterblichkeit
Was ist das?

Nach dem Leben kommt der Tod
aber der Tod ist nicht das Ende
sondern ein Schritt auf dem Weg zu Gott
Und wir Menschen hier auf Erden
gedenken in stillen Momenten an das
was uns so lieb geworden war und ist
Ich tat es mit Gedichten.

Manfred Nemann